伴 侣

Le couple
et son histoire

〔法〕埃里克·斯马加 著

狄玉明 凌忠贤 译

商务印书馆

2017年·北京

Eric Smadja
LE COUPLE ET SON HISTOIRE
copyright © Presses Universitaires de France, 2011.
Chinese(Simplified Characters)
Trade paperback copyright © 2017 by The Commercial Press.
All Rights Reserved
本书根据法国大学出版社 2011 年法文版译出

目 录

引言 1

第一章 伴侣的历史与社会文化外壳 6
    关于婚姻与伴侣的语言学说明 6
    普通人类学资料 10
    关于西方婚姻与伴侣的历史概述 12
    现代西方社会学资料 28

第二章 一些历史的标记或认识和心理治疗
        对象的建构 40
    从弗洛伊德的著述说起 40
    不同作者关于对象关系及其宿命的概念 50
    梅兰妮·克莱因 54
    其他后克莱因派：温尼科特和比翁 58
    亨利·迪克斯与于尔格·威利 67

让-乔治·勒迈尔 70
勒迈尔的现代法国工程 73
法国的伴侣精神分析及其效果 77
关于现代法语中的若干概念 85

第三章　关于伴侣的若干基本心理构成因素 91

认同性 91
性、性行为与情欲链 95
自恋及其不同的方式 97
冲动与情感的双重性 103
性成熟前的若干特征 106
关于若干重要冲突 107
心理双性恋 111
羡慕与嫉妒 113
俄狄浦斯情结与兄妹情结 114
幻想生活 115
投射与认同 116
冲动与共生现象 118
伴侣中的移情 119
对象关系 120

第四章　伴侣的"自然"史概要 126

伙伴的相见和选择与伴侣的心理结构形态 127
"蜜月"与伴侣危机：一种精神分析的方法 135

共同生活或夫妻文化与同一性的转化 142
伴侣及其要孩子的意愿 160
从伴侣到家庭：孩子的降生 163
无子女伴侣："自由选择"或不孕 174
一起变老 181

第五章　伴侣职能的概念 189
伴侣职能概念必要的引言 189
关于伴侣职能的介绍 190
关于伴侣职能的目的性、对立性及其对于伙伴
　　产生的影响的若干思考 201
伴侣职能的失败 203
伴侣生活的正常状态和病理状态 204
伴侣职能的若干作用 205

第六章　陷入痛苦中的伴侣，他们的治疗要求与
　　心理分析效果 208
与玛蒂娜和路易一起做治疗 208
围绕是否要孩子而出现的冲突 212

结　论 220
参考书目 228
术语译名对照 232
译后记 246

引 言

《伴侣》提出并力求回答两个问题：什么是伴侣？它涉及什么样的历史？

众多作家、诗人、小说家、哲学家、随笔作家、科学家和不同领域的专家，都对人类异性和同性伴侣这一复杂的社会事实进行过研究。他们往往把自己的研究和论说范围确定在关于伴侣的某个或几个方面，所涉及的内容有：爱情及其细微差异和不可避免的悲伤与欢乐；伴侣的组成及其过程和心理；性生活、性道德和性机能障碍；婚姻制度及其历史、规定、表现形式和不同文化的实践；生物与社会的繁殖单位、孩子的培养、教育（双亲伴侣）单位和承担共同任务但没有性生活的、在经济与社会方面相互合作的单位；现代伴侣的历史及其变化与社会学特性；赋予一定形式的夫妻关系——同居的或非同居的、同性的或异性的——以身份、权利和义务的各方面的法律。

毋庸置疑，他们在许多方面的贡献极大地丰富了我们关于人类伴侣的知识，但我们尚缺少一个具有这个领域特性的完整的表述，而这在今天看来是十分必要的。更需要指出的是，我们常常听到人们不约而同地说"危机中的伴侣"、"现代伴侣的危机"，我们也在讲"危机中的西方社会"，而这两者是有着必然联系的。

事实上，我们现有的知识虽经广泛传播，但也因此而被分割得支离破碎。正如我在本书中将要论述的一样，伴侣是活生生的，也必然是复杂的人类事实，它与其他人类事实一样，因为组成的成分不同而使多个领域的事实融为一体，并为多种历史所交叉记录。

确切地说，我们探讨的是异性伴侣的问题，但也会对于现代同性伴侣作一些社会学范畴的简要介绍。

因此，我们会涉及肉体-性、心理和社会文化方面的诸多问题，我将按交叉时段对它们展开论述，依照我所确定的方式加以总体考究，这可能会使我们更加全面地来理解这种令人难以捉摸的夫妻现象。为了这一目的，我必须综合史学、人类学、社会学和精神分析的方法进行跨学科多元研究，使我的论述得以（希望能够）清晰易懂，并具有明显的启发意义。此外，我在使用每种方法时都会采纳不同作者的观点。

在这点上，我会继续仿效我在关于"笑"的第一部著作中所开创的研究方法，因为它明显富有科学性。我的前一部著作[1]也采用了同样的方法，它从俄狄浦斯情结出发，以历史学与科学论的方法论述了精神分析与人类学的关系，探讨了进行跨学科多元研究的有利

---

[1] 见埃里克·斯马加（E. Smadjia）：《俄狄浦斯情结，精神分析／人类学辩论的结晶》（*Le complexe d' Œdipe, cristallisateur du débat psychanalise/anthropologie*），巴黎，法国大学出版社，2009。[本书注释以圆括号为序者系作者原注，以方括号为序者系译者注。——编者]

条件。关于这一点，我自以为属于由不同作者所形成的精神血统，他们当中有 S. 弗洛伊德、M. 莫斯[1]、G. 罗海姆[2]、G. 德弗罗[3]、N. 埃利亚斯[4] 和当代的 E. 莫兰[5]。我记得，莫斯已经把全部社会事实（tout fait social）定义为"总体性的"，因为它使各种各样相互依赖的构成部分一体化了，这一发现使得全部社会事实这个概念明白易懂：历史的、经济的、政治的、意识形态的、科学技术的、生态学的，还有属于亲族关系的。此外，他还主张在历史、社会文化、肉体和精神范围内对"总体性的"人进行研究。但这属于心理学而不属于精神分析学的研究范畴，基于认识上的不足，他在这方面表示有所保留。我通过我的方法和现代科学知识来参与这种对于"总体性的"人的前瞻性研究，是因为我有扎实的认识论的思想基础，具备了跨学科多元研究的有利条件。

但是，我已经说过，伴侣为多种历史所交叉记录，如：社会文化史、认识论史（认识与精神分析治疗对象的建构）、"自然史"（有着明显危机和不稳定阶段的夫妻生活周期史），至少还有治疗史（伴侣因痛苦而咨询专家并接受精神分析治疗的历史）。

因此，《伴侣》将保持这种以跨学科多元研究的方法选择和论述

---

[1] 马塞尔·莫斯（Marcel Mauss, 1872—1950），法国社会学家、民族学家。主要研究彩礼现象。——译者
[2] G. 罗海姆（G. Roheim, 1887—1953），匈牙利人类学家和精神分析学家。——译者
[3] G. 德弗罗（G. Devereux, 1908—1985），美国人类学家和精神病学者，民族精神病学创立者。——译者
[4] N. 埃利亚斯（N. Elias, 1897—1990），德国社会学家。主要研究欧洲文明的形成过程。——译者
[5] E. 莫兰（E. Morin, 1921— ），法国社会学家。主要研究文化与文化的传播方法。——译者

多种历史的叙事体剪辑风格，它将使我得以对比研究各种专题论文，从中找出哪些是共同的，哪些是不同的，哪些是互补的，从而初步构建一个关于伴侣的完整的、但是跨学科多元性的表述。

历史、一切社会的社会组织、其不同的社会关系、它制定和生产的各种各样的符号系统、它的自我保护与生产和再生产的方式，都在发展和建构伴侣这样一个人类的社会事实。正因为这样，我开篇第一章就首先选择了剥去它的历史与社会文化的外壳。

然后在第二章里，我意欲概述起初建构认识论这一新对象的某些阶段，在个人主义盛行的当今西方社会，伴侣已经成为认识与精神分析治疗的对象。而且，这种社会个人主义已经使得西方社会的伴侣有可能有别于婚姻法所规定的范围。由于个人之间和夫妻之间的利益冲突，我们会发现在个人与社会（E.迪尔凯姆有深刻的研究）以及现代伴侣内部都存在着原始的对立关系。

第三章研究伴侣的基本心理因素，是专门关于精神分析的章节。我们会全面分析各种复杂的、借助自己的"材料"（matériaux）和作用存在于所有伴侣的组织和机能中的心理、意识、前意识和无意识的现实。此外，本章也在为伴侣"自然"史的探索和易懂作铺垫。

第四章通过几个"重要时期"叙述伴侣的"自然"历史。这些时期是根据其关键性、"变化"性和成熟性而选择的。我在本章通常会相对使用人类学、社会学和精神分析学的多种方法，其中必然会涉及性学家关于性生活和老年伴侣的观点。

在此，跨学科多元研究的方法最为明显，我力图以我自己独特的观点，将不同作者关于某些明确界定了的问题的专题论述逻辑性地结合起来。这样，读者会注意到某些观点具有根本的异质性，因为它们所折射出的是把全部人类现象加以有机组合的、种类繁多且相互冲突的各种类型的现象。这样，他们会努力把它们统一起来加以理解。

我在第五章里将介绍和阐述一个具有跨学科性质的新概念，即伴侣职能（*travail de couple*），这是一个精神分析学和社会-人类学的概念，它力图说明伴侣的多学科性、伴侣不同能力的结合形式、伴侣的组织、机能及其机能障碍。这里涉及关于"职能"（travail）的假设，但我一定会考虑到它的可操作性。

最后一章讲述处于痛苦中的伴侣们的漫漫路程。他们最终决定请求帮助，咨询专家和专门从事伴侣治疗，尤其是精神分析训练的医生。本章将对其主要阶段进行描述，从他们第一次咨询时的情况开始，直到达到理想的伴侣精神分析治疗的目的和效果。我们还将通过接受治疗的众多伴侣之一玛蒂娜和路易为大家提供一个临床的例证。

在结束这些关于伴侣的历史叙述和跨学科多元论述之后，我一定还会对许多显而易见的事情重新提出质疑，因为，这些在我们看来已经成为"自然的"事情，实际上是历史、社会文化和心理建构过程的结果。

第一章

伴侣的历史与社会文化外壳

关于婚姻与伴侣的语言学说明

关于婚姻（mariage）

语言学家埃米尔·本维尼斯特[1]在其《印欧语系的社会机构词汇》一书的"'婚姻（mariage）'的印欧语表达方式"一章里写道："一直以来，人们对于印欧语中亲族关系词汇的研究都在告诉我们，在已婚状态（conjugalité）下，男人和女人的境遇是截然不同的，同样，用以指示他们各自亲族关系的语词也是截然不同的。**因此，严格地说，印欧语系中没有关于'婚姻'（mariage）的语词。**"① 事实上，

---

[1] 埃米尔·本维尼斯特（E. Benveniste，1902—1976），法国著名语言学家，在印欧语和普通语言学研究方面有杰出贡献。
① 见埃米尔·本维尼斯特：《印欧语系的社会机构词汇》，第23页，巴黎，子夜出版社，1969。

我们今天所见到的关于婚姻的表达方式可能都是一些附带的创造，比如法语中的 mariage，德语中的 Ehe，俄语中的 brak。在古代语言中，资料显示更为特别，进行多方面的考查也许对我们的研究会有所裨益。因此，关于婚姻的语词是有差别的，尤其就男人而言，属**动词**语词，就女人而言，则属**名词**语词。

根据本维尼斯特，印欧语在表示男人"娶妻"时使用动词词根 wedh-（领）的形式，特别指"把一个女人领进家里"。这一特别涵义是由于大多数语言都相互紧密关联的原因所造成的。这是在最古老状态下的一种表达方式，当某些语言更新了"领"（conduire）这个词的概念时，新的动词也在表示"娶"（一个女人）的涵义。如印度伊朗语系里就产生了这种新的动词。在拉丁语中，我们找到一个新的表示"领"（conduire）的意义的动词，即 ducere，它在娶妻（uxorem ducere）这个词组里也取了"娶"（épouser）的涵义。

那些用以指示年轻女子的父亲（或没有父亲时兄弟）在婚姻中的作用的词所表达的意思相当于：把女孩送给（donner）她的丈夫。"donner"是尤其用以指示这一严肃行为的动词，我们在一种又一种的语言里都能找到这类动词，它们最多有一些前缀上的变化。

本维尼斯特认为，婚姻表达方式中的这种恒定性说明，根据共同的历史和相同的家庭结构所延续下来的习俗是相当持久的，一直以来，都是丈夫把一位由其父亲"送给"（donner）他的年轻女子领进（conduire）家里。

从女人的角度来说，这是一种什么情况呢？这里不存在表示她婚姻事实的动词，且与前述表达方式相左。比如，拉丁语中的 maritare（结婚），作为及物动词来表示"使配对（apparier）、使结合（conjoindre）"之意。因此，一个确切动词的缺乏表示女人不结婚，而是被结婚。她并不是在完成一种行为（acte），她是在改变身份（condition）。这正是那些指示已婚女人状况的语词所要表达的意思。这里关系到一些专有的名词语词，它们出现于印欧语域的两端，即印度伊朗语系和拉丁语，而且，它们在正式表示女人走进"婚姻身份"的词组里都有自己的用途。我们用"mariage（婚姻）"一词翻译过来的语词，如吠陀梵文里的 *janitvana*，只是在针对女人时才具有意义，它表示年轻女子获得合法的婚姻身份。在此，我们依稀看到一个有关印欧语系大家庭的构成的"上古时代"，因为我们在古罗马社会里又重新发现了它。在这一方面，拉丁语语词 *matrimonium*（婚姻）是极具意义的。就字面而言，*matrimonium* 表示"做母亲（*mater*）的合法身份"。这样，它就界定了年轻女子所进入的身份：即（家庭）主妇身份。这正是"婚姻"在她身上所具有的意义，它不是一种行为，而是一种使命；"出于婚姻（*matrimonium*）的目的"，她被送和领入婚姻，这同印度伊朗语系里类似 *janitvana*- 的语词所表示的新娘被许配的情形如出一辙。根据本维尼斯特的观察，在罗曼语族语言里，*matrimonium*（西班牙语和意大利语为 *matrimonio*）的现代形式都取了"婚姻（mariage）"一词的一般涵义。而在法语里，派生词 *matrimonial* 今天被作为 *mariage*（婚姻）的形容词来使用，这就很容易让人把 *matrimonial* 看作是 *mariage* 的拉丁语派生词。然而，*mariage* 作为 *marier*（嫁、娶；拉丁语为 *maritare*）的规范派生词，它与 *matrimonium* 毫无共同之处。把这两个词混为一谈，甚至把它们看作是亲族词，这说明人们对古代语词的涵义是相当生疏的。同样，"导致'婚姻（mariage）'这个词的概念的各种名词形式，其所指都首先是变为妻子的女人的身份。要使'婚姻（mariage）'这个词的抽象概念被确定下来，并最终表示的是男人与女人的合法结合，那我们本来就应该忘却这个特别的涵义"。[①]

关于"couple"（阳性，阴性）这个词

今天，埃米尔·利特雷在[1]其《法语词典》（*Dictionnaire de la langue française*）[②]里是怎样解释"couple"一词的呢？

它系指把两个或几个同类物连接在一起的绳索、链条等（如：人们用以把两条猎犬拴在一起的链子）。

它的延伸意义系指结合在一起的两个同类物体：两个鸡蛋；一对盘子。

丈夫和妻子，男女情人，或以友好或利益关系生活在一起的两个人。

机械术语：力偶，指作用于物体上的大小相等、方向相反而且不在一条直线上的两个力。

作为阳性名词，伴侣（un couple），系指由爱情或婚姻结合在一起的两个人；亦指以繁殖为目的而结合在一起的两个动物。

作为阴性名词，一双，一对（une couple），系指并非必然和谐的，而且仅仅是偶然联系在一起的任何两个同类物体；另一个词 paire 也表示"一双、一对"的意思，但它系指用途上必然一致的两个物

---

① 见埃米尔·本维尼斯特：《印欧语系的社会机构词汇》，第244页，巴黎，子夜出版社，1969。
[1] 埃米尔·利特雷（E. Littré, 1801—1881），法国著名词典编纂者，实证主义者，于1863—1873年出版了四卷本《法语词典》。
② 见埃米尔·利特雷《法语词典》（巴黎，Encyclopædia Universalis 出版社），2007。

体，如袜子、鞋。阴性名词 la couple 仅表示数量上的"一双、一对"，而 la paire 则增加了为了某种特别目的而必须合作的意思。

这样，透过"couple"一词作为阳性名词和阳性名词的概念与多种涵义：绳索、链条；机械术语力偶；一双、一对；共同生活的伴侣等等，利特雷已经让我们模糊地感觉到我们将探究的这个现实的全部复杂性。

普通人类学资料

传统社会中婚姻、已婚伴侣和独身的表现

弗朗索瓦·埃里梯（1996）[1] 在《男性/女性》一书里告诉我们，亲族关系是社会关系总的母体，社会只有划分为以亲族关系为基础的群体才能够存在，而且，社会通过合作来克服这种原始的分裂，其中，婚姻作为一种初级组织是影响这些群体团结的形式之一。"一个仅仅靠自己内部力量来进行生物繁殖、实行乱伦（而且是只实行乱伦）的群体就会走向消亡，要不然，它只能减少自己的成员。"① 所以，任何一个社会的原始异族通婚法律都应该被理解为群体之间交换女人即交换生命的法律，因为女人把孩子和生殖能力给予了别人，而不是她们的近亲。

埃里梯明确指出，只要我们论及生育性结合（union proprea-

---

[1] 弗朗索瓦·埃里梯（F. Héritier, 1933— ），法国人类学家，研究非洲社会的专家。主要著作有：《两姐妹和她们的母亲》、《乱伦人类学》、《男性/女性》等。

① 见弗朗索瓦·埃里梯《男性/女性》（*Masculin/Feminin*），第 232 页，巴黎，Odile Jacob 出版社，1996。

trice），我们都会毫无例外地在所有人类社会——包括那些并不存在稳定、持久的夫妻关系的社会——里遇到一种我们习惯上称之为"婚姻"（mariage）的合法形式。这种形式符合千变万化的标准，而且，正是这种合法的结合造成了孩子们的原始合法性，他们也依据这一事实成为某个群体的成员。

但是，婚姻对于成年人来说是一件"很严肃的事情"。婚姻的重要性和婚姻的规矩由此而产生，它们使得婚姻选择要最大程度地避免意外的发生和不幸的相遇。"因为，祖先们所不接受的'不相容的血液'的结合会受到婚姻不孕和孩子夭折的惩罚。"[①]

在不同的人类社会里，婚姻也是一种经济合作，两性在这个合作中遵从社会习俗，使用他们的文化所能接受的技术能力。这样，为了双方的幸福和社会生存，性别分工就成为男女结合所必不可少的事情。

然而，除了这种合法的婚姻以外，我们还应该承认有多种类型的不同身份地位的夫妻关系，如姘居。

另外，人类社会大多数都曾提防初始独身，因为它是一种极其违反社会秩序的行为，甚至是一种对个体的否认，因为个体被认为只有在婚姻关系里和通过婚姻关系才能充分实现自我。对于两性来说，所谓的原始社会是不能容忍这种行为以个人生活行为自由选择的西方形式而存在的。再者，人们对于男人和女人的独身的认识也不同：男人是自我伤害，而女人则是伤害集体。初始独身被普遍认为是一种反自然的行为，一种反祖先的罪过，然而它却能被某些社会

---

① 见弗朗索瓦·埃里梯：《男性/女性》（*Masculin/Feminin*），第122页，巴黎，Odile Jacob 出版社，1996。

以一些经济方面的理由所接受或推崇。这将是我们对于封建社会所要关注的问题。

关于西方婚姻与伴侣的历史概述

让-克洛德·布洛涅[1]在其杰作《西方婚姻史》①中向我们简要介绍了从古代源起至今的西方婚姻。

罗马人和日耳曼人的遗产

无论是罗马人还是日耳曼人，婚姻都首先来自家庭的权利，他们经历了两种婚姻的形式：一种是由家庭做主的正式婚姻；另外是一种不牢固的结合形式，罗马人为姘居，日耳曼人为"情爱婚姻"（friedelehe）；此外，还需要我们注意的是，姘居也一直存在于整个古代东方。对此，正如我们在后面的考察一样，教会会力图以其唯一婚姻的观念来加以反对。在中世纪初，这三个世界的碰撞有时会造成非常混乱的局面。这样一来，人们就不能选择他所希望的婚姻类型，尽管这种婚姻得到自己所属种族和所生活的国家的法律的认可。罗马曾经把婚姻简化为一种单一的行为，这一传统后来被教会法保留了下来。

在西方社会，戒指、面纱和花冠是结婚的宗教仪式的主要内容，

---

[1] 让-克洛德·布洛涅（Jean-Claude Bologne, 1956— ），法国历史学家，主要著作有：《西方婚姻史》（1995）、《无神论神秘主义》（1995）、《情感的历史》（1998）、《独身与独身者史》（2004）等。

① 让-克洛德·布洛涅:《西方婚姻史》，巴黎，Hachette Littérature 出版社，2005。

而这些习俗是从古罗马流传下来的。对于罗马的结婚仪式，我们尤其保留了右手相交的习俗——这是一种东方的风俗，只是在公元一世纪才传到罗马，并成为婚姻宗教仪式的组成部分。在整个中世纪，这种交手的结婚形式一直被持续采用，与由新娘父亲把女儿的手递给新郎，新郎从腕部牵手新娘的日耳曼"交"妻形式相竞争着。实际上，中世纪是这两种结婚形式变动不定的一个时期。

基督教的婚姻观

根据布洛涅的考察，如果说教会很早就感到自己与婚礼的环境有关系的话，那么它在参与结婚仪式的举行方面则晚了很多。

他认为，圣奥古斯丁在四至五世纪期间所作出的关于婚姻观的定义一直影响着天主教会对于婚姻的看法。圣奥古斯丁把回想到的早期神甫们的思想归纳为"三善"（trois biens）: prole, fides, sacramentum（"嗣、忠、圣事"）。毋庸置疑，婚姻的"首善"是繁衍后代，但是，在传统证明嗣为首善的排列中，奥古斯丁把"忠"摆在并列的重要位置，"忠"是从圣保罗那里继承来的避免私通的保障，是人们为了避免配偶通奸而应尽的"夫妻性义务"的基础。"第三善"是 sacramentum，但布洛涅指出，拉丁语 sacramentum 与现代法语 sacrement（圣事）并不完全一致。这个表示希腊语 mystérion（宗教的秘密仪式）词义的词是从圣保罗那里（《以弗所书》5∶32）借用来的，用以形容基督和基督徒的婚礼，但它在基督教的结婚仪式中被具体化了。它所寓意的是"一个不可见事实的可见符号"。男人和女人通过夫妻恩爱感受把基督和全体基督徒结合在一起的爱情。因而人们认为，基督教婚姻是不可分离的，它与离婚是完全对立的。然而，早期的完美主义基督徒还是坚守贞洁，认为结婚仍是一种瑕疵。

但是，教会婚姻法在十二世纪末制定出来，婚姻实际上成为一件圣事，其构成内容是夫妻双方的合意，夫妻本人是婚姻圣事的执行者。而事实上，父母的同意、甚至未成年子女的同意都不是必须的了，证婚人的出席或司铎的讲话也不是必须的了。自从有了自由交换合意，这种所谓"隐秘的"婚姻就被人们完全接受下来，对于教会来说，虽然加以谴责，但拒绝宣布无效。另外，教会法对于许多婚姻障碍作了界定。有些是使婚姻无效并导致撤销婚姻的障碍，主要指合意瑕疵、经鉴定证明的性无能和未达结婚年龄。另外一些是属于禁止性障碍，可以通过教皇特许加以解除，主要指自然的或精神上的，直至教规规定的第四等级（具有共同的高祖父、高祖母、外高祖父、外高祖母）亲族关系和联姻亲族关系。总之，婚姻圣事是不可分离的：肉体的分离只有教会法庭才能宣判，它并不是现代语词意义上的离婚，因此，它不允许夫妇双方再婚。只有死亡才能彻底解除夫妻关系，活着一方可以再婚。

据历史学家F.勒布兰[1]的考察，在十六世纪初，这种婚姻观引起宗教改革家们的激烈争论，在路德和加尔文看来，罗马教会在把婚姻作为不可分离的圣事、宣扬童真完美的同时制造了一种矛盾。另外，他们认为，婚姻是一种神圣的制度（institution），但不是一种圣事：它是建立在相互合意基础上的一种契约，这个契约牵涉到太多的精神

---

[1] F.勒布兰（F. Lebrun）：《神父，王子与家庭》，见A.布吉耶尔（A. Burguière）、C.克拉佩奇-佐蓓（C. Klapisch-Zuber）、M.塞加朗（M. Segalen）和F.佐纳本（F. Zonabend）：《家庭史》第3卷《现代性的碰撞》第123-146页。巴黎，Armand Colin出版社，1986。

和物质利益，以致我们不能对它作认真细致的反思。假如说父母对于未成年儿童尽义务表达了上帝的权威，那么并没有对他们使用太多的约束。总而言之，新教徒们在理论上接受完全意义上的离婚，但只是在公认的通奸或长期放弃夫妻家庭关系的情况之下。

新教徒的这些主张受到特伦托会议[1]的谴责，会议从1547年开始重申"教会七项圣事"，再次提醒人们婚姻是圣事。但在1563年，主教会议就开始面对夫妻关系的权利问题了。参加主教会议的神甫们很快达成一致意见，重新主张教会已经颁布的传统教义的主要内容。相反，关于隐秘婚姻的问题却引起了激烈的争论，并制定了相关的草案。最终，会议在当年除了通过一个简短的教义前言之外，还全文通过了由截然不同的两个部分组成的教义正文：一部分是简短的十二条教规，另一部分是长篇论述的惩戒谕令。

十二条教规尤其重申了婚姻的圣事的、一夫一妻制的和不可分离的性质，以及教会在确认婚姻无效的手续方面所独有的管辖权。此外还规定神职人员必须独身，童贞身份优于结婚的身份。

惩戒谕令共分为十章，其中关于隐秘结婚——即此后没有本堂神甫或他所许可的某一教士参加的结婚仪式——的第一章最为重要。

如果参加主教会议的神甫们认为，这种对于婚姻的重新定义和教会婚姻法的精准解释对于回应新教徒的攻击是十分必要的话，那么，他们并没有认识到需要提醒人们婚姻的目的是什么，尤其是赋予

---

[1] 特伦托会议（Concile de Trente），指1545—1563年在意大利特伦托城（当时属神圣罗马帝国）召开的天主教主教会议。由于受西班牙与法兰西之间战争的影响，会议时断时续，前后召开过三轮。特伦托会议是针对当时的宗教改革运动而召开的。最后通过一系列加强教皇集权统治和反对宗教改革运动的决议。

生殖以首先的位置，这可能是由于这一点并没有引起他们反对者的争议的缘故。

然而，布洛涅让我们看到，这种生殖至上在《新约》里并不明显存在，在圣保罗关于婚姻的详细论述中也并没有谈及。但是，这一目的性很快就被人们所接受。在四世纪，圣哲罗姆[1]和圣奥古斯丁[2]认为，如果一个丈夫与其妻子的结合没有坚决的生殖意图，那他就是在犯罪。可是，对于这种生殖意图的必要性，后来有许多神学家提出异议，如圣·托马斯·阿奎那[3]，他尤其承认以避免淫乱为唯一目的的夫妻结合的合法性。不过，这只是一些围绕主题而言的不同观点，他们都没有真正触及核心问题，即对于一切偏离以生殖为目的的婚姻的行为，尤其是中止性交或俄南之罪[4]进行重判的问题。

中世纪末，神学家们把重点放在了婚姻经双方同意的性质上，这一性质致使他们强调夫妻关系的社会意义，因此而忽略了它的生物意义或预防意义。

---

[1] 圣哲罗姆（Saint Jérome，约 347—419），早期西方教会中学识最为渊博的教父，是《圣经》希伯来文《旧约》和希腊文《新约》的拉丁文本的译者。他的通信对史学家、圣经学者和神学家都有重要的参考价值，所译通俗拉丁文本《圣经》对于中世纪初期学界产生重大影响。

[2] 圣奥古斯丁（Saint Augustin, 354—430），古代基督教伟大的思想家。他把《新约》所揭示的信仰完美地与柏拉图哲学融合在一起，他这种融合的产物通过自己的思想传输给中世纪的天主教和文艺复兴时代的基督教。他的理论是宗教改革的救赎和恩典思想的源头。主要著作有：《忏悔录》、《论上帝之城》、《恩典与自由》、《论三位一体》、《论自由意志》和《道德论集》。

[3] 托马斯·阿奎那（Thomas d'Aquin, Saint, 1225—1274），意大利神学家。他的重要著作《神学大全》(Somme théologique) 集中论述了信仰与理性的和谐问题。

[4] 俄南之罪（crime d'Onan），俄南，《圣经》人物，犹大的次子，其兄因作恶死后，犹大令其与其嫂同房，为其兄立后。俄南知道生子不归自己，便在同房时遗精在地。后来，西方人把手淫称作"俄南之罪"。

中世纪，封建社会

一直以来，封建婚姻都是一件家庭事务，主要是与父亲有关，夫妇双方并不重要。事实上，在封建制度下，婚姻的目的并不是反映基督与其全体教徒的神秘结合，而是为了保证封地的留传，维护某种生产方式的永久性。同样，在封建的实践中，为了避免无休止的土地划分，往往是把对继承人来说是唯一保证的正式婚姻（mariage solennel）留给长子，这样每一个家庭就只有一个孩子能有正式婚姻。对于弟弟们来说，如果不在此列，他们的婚姻就会变成相对不很高贵或不很持久的结合形式。姘居、卖淫、与女仆的爱情都承担起一种责任，筑起一道堤坝，阻止那种以不能被普遍接受的方式而发生的性行为。一些由单身骑士组成的寻求战争或性冒险的"青年团"因此而形成，他们走遍整个欧洲，或者分别出现在所有那些允许他们通过一位领主或贵妇而引起注意的骑士比赛场所。这些没有祖产的单身汉们的最终目的是，立足于一位很有权势的领主或一位想拥有一群追随自己的身强力壮的兵士的国王。作为对他们的服务的报酬，他们期待继承一块无主的封地，如能是这种情况，他们还能继承死者的寡妇或独生女，她们能保证他们得到一份遗产。

自古以来，贵族阶级，尤其是宫廷贵族在婚姻方面都在困难地屈从于教会法，这酿成了贵族与教会之间长期的紧张关系和压力。此外，贵族阶级表达出了他们对爱情的怀疑，从中世纪起，他们试图把爱情排除在婚姻之外，把它限定在人们称之为"典雅爱情"（amour courtois）的范围之内。那么，准确说来何为典雅爱情呢？

婚姻承担着保证烟火相传的责任，爱情被排除在外，这样，随之而出现的是年轻的单身骑士们自由而危险的性行为形式，它有可能侵犯到王爷们的后宫：*donoi* 或 *donoiement*（贵妇偷情），我们可把它译作"调情"或"轻浮的爱情"。不过，在偷情和爱情之间还有一条中间的道路：典雅爱情是爱情存在的唯一公开的形式。布洛涅强调指出：一个骑士（单身）疯狂地爱上一位由于其高贵的身份而难以接近的贵妇，并且为了荣幸地穿上她家的号衣，与她发生各式各样的风流韵事，其意图是永恒不变的。这样的著名例子举不胜举：特里斯坦（Tristan）与伊索尔德（Iseut），后者是其封建君主马克（Marc）国王的妻子；朗斯洛（Lancelot）与桂维尼亚（Guenièvre），后者是亚瑟王的妻子。情人之间的性行为至少普遍认为不是问题。"乔治·杜比[1]认为，这样表述的典雅爱情成为一种"教育游戏"，教人学会驾驭恐惧（对于成年人来说，所预料到的遭受重罚的危险），驾驭自己的肉体（性本能）。这不只是女性地位的提高，它是一种对男人的驾驭，让他学会更好地服务。贵妇与骑士仆人之间的关系完全符合封建主从关系的义务。这些义务由封建君主自己的妻子慢慢地灌输给年轻人。"①

布洛涅指出，在中世纪的进程中，除这种封建的制度以外，还并存着两种不同的婚姻观：一种是源自于罗马的两厢情愿的婚姻，是以夫妇双方同意为基础；另一种是源自日耳曼的以性交为基础的婚姻，这种对性的摄取保证了婚姻的牢不可破性。

文艺复兴时期

根据布洛涅的研究，在中世纪的最后两个世纪里，由于西欧所

---

[1] 乔治·杜比（Georges Duby，1919—1996），法国著名历史学家，中世纪史研究领域的大家。主要著作有：《法国史》、《私人生活史》和《骑士、妇女与教士》。

① F. 勒布兰（F. Lebrun）：《神父，王子与家庭》，见 A. 布吉耶尔（A. Burguière）、C. 克拉佩-佐蓓（C. Klapisch-Zuber）、M. 塞加朗（M. Segalen）和 F. 佐纳本（F. Zonabend）：《家庭史》第 3 卷《现代性的碰撞》第 123-146 页。巴黎，Armand Colin 出版社，第 116 页。

经历的百年战争和大瘟疫，婚姻遭受了深重的危机。王室放弃监管，尤其是毫无顾忌地要人们遵守教会法和成年人禁令；缺乏管理的军人遍布全国。人们看到，放荡的性行为（婚前性关系、卖淫、强奸）和被谴责的性结合（婚外性关系、姘居、隐秘婚姻、教士姘妇重婚）日益严重，与此同时，文艺复兴时期对于肉体需要的重新评价也加剧了这些现象的出现。

在十六世纪，爱情与婚姻，性关系、爱情生活与夫妻世界，如果说它们不是矛盾的话，那它们至少是两种不同的社会事实。不过，这个时期的特征是性宽容的总体环境、有利于夫妻关系的精神状态和对个人做主的鼓励。虽然婚姻当事人并不是惟一能做决定的人，婚姻的交易继续能把两个需要安排好"女人和财产的交接"的家族有利地结合在一起，但婚姻双方的两个年轻人仍然享有一定程度的选择自主权。此外，我们还注意到，由于地方社群监督的减弱以及家庭和教会集权机构的权力的加强，最初出现的"反常的"伴侣私有化（privatisation）和伴侣自主化（autonomisation）。

历史学家 A. 布吉耶尔写道，这样一来，"在这种容忍肉欲、四处弥漫着享乐主义的气候下，教会和某些世俗社会阶层所宣扬的婚姻主义，越来越受到肯定的主张让年轻人按照自己的意愿结婚并尊重伴侣的自主权的倾向都有了新的意义。更准确地说，它们是在为一种婚姻与性的倒置关系做思想上的准备。"[1] 它们可能是夫妻伴侣（couple

---

[1] A. 布吉耶尔："伴侣的构成形式"（La formation du couple）。见 A. 布吉耶尔（A. Burguière）、C. 克拉佩奇-佐蓓（C. Klapisch-Zuber）、M. 塞加朗（M. Segalen）和 F. 佐纳本（F. Zonabend）：《家庭史》第 3 卷，《现代性的碰撞》，巴黎，Armand Colin 出版社，1986，第 158 页。

conjugal）构成形式中的第一个阶段。

这时，宗教改革运动最终规范了人们的行为，至少在一个世纪里，强制推行了一种禁欲主义的行为模式。

在整个十六世纪，关于离婚的争论一直具有互补的两个方面。一方面是人道主义，它在古代的道德与权利中重新发现了几个世纪以来被遗忘了的婚姻观；另一方面是新教神学家，他们全面否认教会婚姻法，只接受国家的法令。

姘居的问题只是在欧洲基督教化，只有一种婚姻形式可以接受时开始提出来的。布洛涅认为，这个问题真正产生于特伦托会议，会议认为，未经本堂神甫准许而一起生活的伴侣属非法同居。

古代社会

法国古代社会好像达到一个她必须不惜一切代价加以保护的脆弱的平衡状态。婚姻开始被界定为一种契约，一种保证世俗社会良好运转，维持财富的原始状态的理性行为。这个基本处于静止的社会厌恶一切能使其重新运动的东西。这种对于平衡的寻求尤其表现在婚姻的契约方面，在这几个世纪中，对于所有的社会阶层来说，婚姻契约中的公证人一直扮演着越来越主要的角色。

从另一方面看，在整个欧洲，国家和教会对于婚姻和家庭的控制越来越严格。但是，如果说家庭是最基本的单位，享有个体基督教化的优先权，那么对于君主们来说，它可能是越来越必要的个体监管中的一个基本的中继站。在法国，关于婚姻的严厉的条文规定是由君主政体来实施的，它得到严格执行特伦托会议决定的神职人员的支持。从此，没有哪一个阶层能够摆脱这种保证亲权和社会秩序的双重控制。正因为这样，婚姻制度才发挥有效的作用。

启蒙时期

布洛涅明确指出，如果说在十七和十八世纪，婚姻和爱情远没有达到不可共存的程度的话，那它们的自然次序就被否认了。实际上，如果不是严密地禁止人们爱自己的妻子或丈夫，那么由爱而结婚就是不合时宜的事情了。夫妻之爱不是年轻情人情妇之间那种贪得无厌但又转瞬即逝的强烈情欲，它是在婚后产生的循序渐进的感情，不能作为婚姻的理由。不过，正如布吉耶尔在书中所写的那样，"认为在十八世纪之前没有一个人是由爱而结婚，也没有一对伴侣是真心相爱，那是荒谬的。"[1] 我们在前面已经提及尤其是十六世纪人们所容忍的爱情婚姻。事实上，那种感人的爱情并不构成一种典范，也不是一种必然性。"正确的分析是，它有一个发展过程，在这个过程中，长期以来被宗教伦理和公共道德认为与婚姻无关甚至与婚姻相对立的爱情逐渐被人们接受，**成为新型婚姻的拱顶石**。"[2] 作者认为，更确切地说，这种演变是以宗教强行推行的道德规范和行为模式的内在化为基础的，它在每个人的心中都激起强烈的责任与个性的意识，而这种意识会力求通过与"另外一个'自我'的情感融合"来实现。在虚构文学作品里，对于这些条条框框的革新屡见不鲜。实际上，婚姻一直是

---

[1] A. 布吉耶尔："伴侣的构成形式"（La formation du couple）。见 A. 布吉耶尔（A. Burguière）、C. 克拉佩奇−佐蓓（C. Klapisch-Zuber）、M. 塞加朗（M. Segalen）和 F. 佐纳本（F. Zonabend）:《家庭史》第 3 卷,《现代性的碰撞》, 巴黎, Armand Colin 出版社, 1986, 第 178-179 页。
[2] 同上书, 第 179 页。黑体是我在此标出的。

21

十七和十八世纪叙事体剧作和小说的主题。布吉耶尔认为，在高乃依、莫里哀和马里沃[1]的剧作里，虚构的剧情并不是实在情景的反映，但它们把个人所面临的伦理矛盾和心理冲突搬上了舞台，为的是提出一种虚构的解决办法。

可是，对于"边缘文化"或"民间文化"来说，它们仍然以其他生活现象为题材，尤其是等级社会现象，但是，这种现象由于受到在个人愿望和家庭的迫切需要之间发挥着某种调停作用的教会和国家在意识形态方面的干预而在一定程度上有所缓和。布吉耶尔在进一步推论时主张在表现爱情的作品中反映爱情的胜利，以证明这种调停的成功。往后，对于婚姻的社会约束被大家都接受了，那它就不再被认为是与个人愿望相矛盾的了。

布吉耶尔就欧洲这一历史时期伴侣的组成和夫妻生活环境中各种条件和行为方式的变化阐述了自己的意见。在众多历史学家和社会学家提出的假想和解释方法中，它主要支持社会学家诺贝特·埃利亚斯[2]在其《文明的进程》中所阐述的思想，认为它极具说服力。事实上是这位作者引入了"文明的进程"这个概念，他的解释方法主张不把家庭行为，尤其是夫妻生活的变化解释为新思想所产生的单项

---

[1] 马里沃（Marivaux, Pierre, 1688—1763）法国戏剧家、小说家和记者。他的喜剧是莫里哀之后当今法国剧坛最常上演的戏剧。其代表性戏剧作品是《爱情使哈乐根变成雅人》和《爱情与偶遇的游戏》；其代表性小说是《玛丽安娜的生活》和《暴发户农民》。马里沃虽于1743年被选为法兰西学院并于1759年任院长，但在他在世之时并未获得人们的完全赞赏。直到19世纪评论家圣伯夫对他的作品进行重新评价后，他才逐渐被认为是理性时代和浪漫主义时代的一座桥梁。
[2] 诺贝特·埃利亚斯（Norbert Elias, 1897—1990），德国社会学家。他在其《文明的进程》一书中把欧洲文明的发展描述为一种复杂的进化过程。其主要著作有：《文明的进程》、《个人社会》、《德国民族研究》和《上流社会与局外人》等。

作用，而应该解释为国家和社会变革的结果。这能够说明对伴侣重新估价（réévaluation）的"现代人的'心理进化'经历了现代国家的'社会进化'。"

要我们认为演变是长期的，而不是一次性的，那么，那些卓尔不群的为全社会创造新道德与新感觉的精英们的先锋角色和那种引导个人内化道德准则，规范自己的行为，打开内心世界的国家的现代化推进者角色就是基本一致的。

十七世纪的法国为我们提供了最完善的宫廷社会的例子——除稳定社会生活和改变个人关系的君主集权外——，这种宫廷社会是对理性能否战胜冲动的新的心理平衡的一个考验。提倡在社会交往中避免肉体接触，掩饰一切本能反应以规避肉体介入，性关系中要表现得克制和矜持。这种与教会强行规定的情感方面和性方面的行为道德准则并存的社会化新模式，自身就对抑制冲动具有压制性的和有教益的影响。埃利亚斯还向我们描述了一个社会世界向一个新的世界的过渡。他指出，在这个社会世界里，肉体的激动和机能是可见的和明显的，但其中的公／私对立是毫无感觉的；而在这个新的世界里，个人应该掩饰并控制自己的情感和肉体的表达，从而对于人类生活的两个不同领域的逐渐形成作出贡献：它们一个是隐藏着主观性、相互主观性和性的内在的、自私的和隐秘的领域；另一个是开放的和公共的领域。

从埃利亚斯的这些观念出发，布吉耶尔认为，在这个对严肃的夫妻伦理进行反复教育，对家庭生活进行监督的漫长时期，公共领域和私人领域之间的界限变得十分明显，分割出一个私人生活的空间，伴侣不再是一个简单的生殖单位，而成为爱情和团结的象征。

另外，宗教方面关于夫妻关系的重新定义和教会为了把性关闭在夫妻空间之内所做的努力也反常地为爱情婚姻的出现创造了条件。此外，这位作者还认为，人们在把爱情婚姻想象为主要的夫妻模式的同时，混淆了虽然不同但最终又以不同的缓慢发展而交合在一起的两个方面：1.年轻人应该能够自己决定他们对配偶的选择；2.爱情决定他们选择的结果。

十九世纪

爱情急切要以一种浪漫的、充满激情的形式出现。布洛涅说，这种爱情混淆了感情与感情的表现（性自由、选择自由），把社会最低阶层和农民当作了模式，而这些人在资产阶级看来，为了避开沉重的嫁资制度，只能拜倒在崇高感情的脚下。据他考察，"从前只有最差的资产者爱自己的妻子，如今资产阶级把爱妻子作为时髦。一切都在于'资产阶级'这个词里，因为我们到处看到它被贴上夫妻之爱的标签。"[①] 一种新型的生活反映出新的思维方式。对于资产阶级而言，社交活动成为一种回馈工作的休闲，而不是生活中理应做的事情。在革命后的法国，某些物质因素为爱情之花的绽放创造了条件，尤其是在允许年轻伴侣单独居住的私家单元房里，实际的夫妻生活就有了可能，而在传统的家庭住宅里这是不可能的事情。社会越来越以伴侣而不是以广义上的家庭为基本单位。过去，贵族的大府邸或家庭农场使人不得不杂处，不利于爱情的发展。配偶家庭的普及和"这种普及使爱情成为必然"是十九世纪重大的社

---

① 见 J.-C. 布洛涅：《西方婚姻史》，巴黎，Hachette Littérature 出版社，2005，第347页。

会变化之一。

然而，人们所谓的爱情仍然被变化无常的现实所掩盖：轻佻的献殷勤和婚后产生的夫妻之爱皆被容忍，这使我们重新陷入十八世纪的观念之中。由于受浪漫文学的影响，似乎只有爱—情（amour-passion）中的情才能被人们所接受，这种情有着特殊的身份，它被作为具有法律效力的结婚理由——哪怕是与社会地位低下的人结婚。伦理学家和政治家很快步小说家的后尘，但是，他们所关注的是理性范围内的夫妻之爱。父母从此不得不让孩子自己选择自己的同伴。

第三共和国时期，爱情婚姻作为重新获得的自由的象征，像花朵一样慢慢绽放，而且在1896年，为了防止再度出现的离婚潮所带来的危机，提出了一系列旨在使获得婚姻身份简单便捷（尤其对于贫困群体）的法律条款。因为实际上，婚姻需要庞杂而昂贵的手续，这对于那些被迫处于姘居状态的穷人来说是一种奢望。不过，这些法律条款也旨在限制父母的权利，包括"贵族子弟"。

二十世纪

在本世纪之初，爱情在婚姻里比以往任何时候都具有现实的意义；但贪图金钱的婚姻也并没有骤然消失，不过，它对于伦理学家来说，后来不再像是一件绝对头疼的事情了，因为只有很上层的社会和乡村还对嫁妆的诱惑颇为敏感。在第一次世界大战和经济危机后期，婚姻和社会一样经历了一次危机。而文学、政治与宗教伦理学家和新的法律，都深刻地改变了伴侣的形象。人们注意到，一个新生的事物是，爱情意志远远超过浪漫的十九世纪为之奋斗的简单的爱情解放。如果说爱情在婚姻中越来越起决定性作用的话，那它不足以保证婚姻的幸福。年轻人太容易认同感情在"蜜月"里耗尽的说法，他们认为，感情不是注定伴随终生。世俗婚姻逐渐成为习俗，教会放弃了它的大部分要求，只要求在离婚和再婚时承担道德责任。

在史学家布洛涅所关注的这个世纪的诸多变化里，我们要指出的是：婚姻与其说是建立在金钱基础之上，不如说是建立在有影响力的关系网中；真正有效的避孕药物的发现，使大多数伴侣得到解放，消除了他们性犯罪的心态，极大地降低了怀孕的危险，为妇女的解放作出了贡献。这一切都带来了新的价值观的产生：以爱情为基础的伴侣将逐渐取代以社会关系为基础的婚姻；再者，对于妇女来说，结婚也并不是提高地位的唯一可能了，因为她们很小就结婚，往往是为了避免那种不大令人羡慕的"老姑娘"状态的出现；而且，对于男人来说，婚姻也不再是满足性需求的唯一体面的方式了。因此，我们可以说，二十世纪是爱情婚姻条件最完备的一个时期。不过，现在对于爱情婚姻最大的挑战是爱情能否持久，它是这种婚姻继续存在的希望之所在。生儿育女不再是婚姻的首要目的了，我们必须想出别的能使婚姻被时代记录下来的理由。

离婚率的提升最终导致了单亲家庭模式的增加。按照旧的思维方式，孩子的教育问题是对婚姻的一种支柱，而现在对于一个单身者来说，孩子的教育问题也不再是一个不可解决的问题了。

从十九世纪开始，姘居主要在市民阶层和民众阶级中盛行。城市无产者经济上和心理上的不稳定严重地影响到婚姻的稳固。

姘居、爱情和离婚之间的联系，反映了十六世纪以来对婚姻的不可分离性持反对意见的人们所宣传的人道主义的思想：交结的自由和分手的自由一样都是爱情发展中最本质的东西。

古罗马以来，姘居在两次大战之间首次获得了合法的地位。

关于西方婚姻的历史，J.-C. 布洛涅会留给人们什么记忆？

首先，西方婚姻的历史是由内外两大类型的冲突构成的，而且它们之间关系复杂，常常难以理清。

来自外部的永久性冲突包括曾经力图控制这一制度的各种权力。首先，家庭愿意保留对联姻的控制权，因为联姻既关系到能否把祖产和纯正的血统传给后代，又关系到能否保持贵族门第和过去祖先们留下来的家庭崇拜的荣耀。其次是来自国家的世俗权，意欲控制在其周围形成的或与其对立的各种关系，在西方历史上，这种世俗权往往只是为了对家庭权力的承认并使之统一化而制定的。最后是宗教权，力图维持它在两种婚姻（宗教的和世俗的）之间建立起来的等级制度，因为这种等级制度符合其总体的世界观和社会观。另外，我们也不应该忘记，在西方以双方同意为原则的制度下，个人对于自己婚姻的权限。这些权力各自都是根据自己的理由来对婚姻进行构想的。民法将其纳入它所保护的契约之内。家庭权利把婚姻作为一种关系继承的特别事件。宗教把有关联姻——尤其是上帝与其子民的联姻——的宗教仪式强加于婚姻。监管存在诸多冲突，但这些外在权力都是为了保证婚姻的持久性和稳定性而产生的。此外，我们研究过的多数婚姻都是与个人所能期待的各方面的稳定相一致的：社会的（社会秩序再生产的工具）、政治的、经济的、家庭的、心理的（爱情、抗孤独）。反之，隐秘婚姻和姘居都得不到社会的承认，也不能从各种不同的具有保护和稳定作用的权力中得到好处。

内在的冲突与不同的婚姻目的有密切的联系，爱情往往只是一个惬意的幌子。比如爱情与生育之间、金钱与生育之间、金钱与爱情之间、金钱与政治之间、爱情与政治之间的冲突。

另外，据布洛涅研究，宗教仪式的意义也有了深刻的变化。教会尤其借助于圣事掌控了入教仪式（rite d'initiation）。结婚意味着人们已经达到成年人的年龄。通过这个仪式，青年男子在社会和家庭都有了自己的位置。这种"婚姻—地位"的观念在古代社会处于萌芽状态。后来，随着历史的发展，它成了爱情故事的结局，而不是新的身份的开始，婚姻逐渐变成一种行为，而不再是一种身份，因而也就失去了它古老的证明意义。然而，它仍然与地位有一种象征性的和社会传统的联系。我们看到，语言学家 E. 本维尼斯特从性的方面对于婚姻作出这样不同的界定，他说：婚姻—地位是女性的，婚姻—行为是男性的。如果说这对婚姻的传统形式是一种伤害的话，那么，那种使男人和女人深切而真诚地结合在一起的关系依然存在着，而且他指出，几百年来，关于不同程度的夫妻结合似乎一直众说纷纭。他认为，这只会回到罗马人和日耳曼人的原始观念上去，虽然物质与社会的环境发生了不可逆转的变化。

现代西方社会学资料

婚姻危机 / 伴侣危机

布洛涅称："战后，在欢庆法国本土解放的火树银花中，关于爱情、婚姻、姘居的一切观念，也都展现出来。"[①]

---

① 见 J.-C. 布洛涅：《西方婚姻史》，巴黎，Hachette Lettérature 出版社，2005，第395页。

第一章　伴侣的历史与社会文化外壳

据布洛涅研究，性解放在20世纪50年代开始于美国和斯堪的纳维亚国家，但直到60年代末和68年"五月风暴"，这股潮流才真正触及法国，法国社会也确实出现了问题：一方面，婚姻有待改革，然而，只是通过1965年6月13日关于婚姻制度的法律（废除了夫权）和1967年12月28日把避孕排除在罚款之外的法律进行了羞羞答答的改革；另一方面，"任何一种改革都不能使旧的制度符合年轻一代的愿望，因为他们认为旧的制度已经'过时'"。

实际上，根据社会学家J.-C.考夫曼①的研究（2007），伴侣的结构从60年代末以来发生了翻天覆地的变化。在欧洲，这场运动很快从北欧国家蔓延到中欧，接着到达南欧。据统计数字显示，经过几年的调整，对比变化十分惊人。从70年代起，结婚人数平均每年下降2%至3%。这在很大程度上与68年"五月风暴"及其新的思想和连续的、日益加重的经济危机不无关系。但是，布洛涅在对没有结婚而作为伴侣共同生活的个体进行大量研究以后认为，这种对婚姻的相对不满并不会带来一场伴侣危机，而会使人们寻求另外的结合形式。在年龄不到40岁的无子女的伴侣中，结婚者只占44.14%，同居者占大多数。在年龄40岁以上的伴侣中，无论有无子女，结婚者超过90%。而结婚伴侣中的1/3和同居伴侣中的1/2处于分居状态。最终，非婚生育、单亲家庭、重组家庭和同姓双亲养育子女（homoparentalité）现象不断增加。

然而，如果姘居现象在增加的话，那么伴侣生活就会减少。这正是布洛涅和考夫曼所指出的。事实上，在巴黎和北欧几个大城市

---

① J.-C.考夫曼（J.-C. Kaufmann）：《伴侣社会学》（*Sociologie du couple*），巴黎，法国大学出版社，《我知道什么？》（*Que sais-je?*）丛书，2007。

里，两个"家庭"就有一个是由单独生活的一个人组成的。这些单人"家庭"在明显地增长，尤其包括那些已经独立的年轻人、中年离婚者或鳏寡老人。

在考夫曼看来，结论是明显的：伴侣已成为一个既不大具有制度性又不大稳定的事实。过去，伴侣作为一个制度，人们走进去是为了生活不会有太大的问题，它成为"两人生活长期配合的一个运动系统。双方一旦进入这个系统，就必须有一份实实在在的工作和某种能力"①。

然而，与这样的结论相悖的是，他同时认为，"伴侣在人们的思想里仍然是一个中心参照，它之所以变得愈加不稳定，统计显示为少数，正是因为参与者对它不再有要求，因为每个人都向往一种能够保证感情和性的满足的私生活。自相矛盾的是，伴侣的理想化是它不稳定的根源，同时也使它的组建更加复杂"。②

实际上，正如社会学家米歇尔·博宗[1]所言，今天，情感和夫妻关系的轨迹发生了广泛的变化和碎片化。如果说无论同居结合还是自由结合都似乎不大稳定的话，那么，夫妻关系破裂比率的不断上升并没有导致夫妻关系或性关系的稳定有大幅度的提高，尽管过单身生活的人数在增加。不管同居与否，时间长短，大部分人在分手以后又结成新的伴侣。尤其是愈来愈多的处于单亲家庭的女人，她们往往都有稳定的爱恋关系，但并不共同生活，这使她们把性（sexualité）和婚姻（conjugalité）明显区分开来。此外，一生当中经常更换新伙伴的

---

① J.-C. 考夫曼（J.-C. Kaufmann）:《伴侣社会学》（*Sociologie du couple*），巴黎，大学出版社，《我知道什么？》（*Que sais-je?*）丛书，2007，第50页。
② 同上。
[1] M. 博宗（Michel Bozon）法国当代社会学家，性学专家。主要著作有：《性社会学》（*Sociologie de la sexualité*）和《伴侣的组成》（*La formation du couple*）。

人的比例也在不断加大。

人类学家莫里斯·戈德利耶[①]的《亲族关系的变形》一书也使我们看到,二十世纪最后三十年见证了亲族关系和人们关于亲族关系的思想的真正动荡。他在质疑改变了我们社会中亲族关系的形态和经营方式的各种力量时,明确指出有三种类型。

——第一种力量首先是在建立伴侣关系时强调对另一半的自由选择,这种选择摆脱了各种羁绊和社会契约的约束,比如,作为道德义务,婚姻必须门当户对,传宗接代,使作为社会集团的家庭持久永恒。在这类选择中,意愿和感情成为标准,今天,其重要性远远超过其他非主观的但更具社会性的因素。因此,一个人失去了对对方的爱会成为解除婚姻的足够理由,并可以使他无拘无束地另求新的夫妻关系。

第二种力量与其他力量相结合,源于男女关系的改变和愈来愈有利于两性在一切社会与个人生活领域里更加平等的社会压力。关于亲权(1970)和协议离婚(1975)的规定就证明了这一点。大批的妇女走进经济生活,为伴侣或家庭的物质生活作出实质性的贡献。这样一来,她们相对于自己的配偶而言在经济上也获得了更多自主权。

第三种力量来自出现于十九世纪、在二十世纪中叶达到高潮的西欧重视儿童与童年的运动。因此,儿童成为一个家庭所期望的甚至进行计划的人物,但儿童的到来却愈来愈少。这样,儿童在家庭的情感和经济生活中占有非常重要的位置。

[①] 见莫里斯·戈德利耶(Maurice Godelier):《亲族关系的变形》(*Métamorphoses de la parente*),巴黎,Fayard 出版社,2004。

戈德利耶赞同 F. 埃里捷[1] 的观点，认为所有这些改变都来自一个更为深刻的运动，这个运动不是发生于亲族关系的场域，而是渗透其中，对其长期产生影响，这和它渗透到社会生活的一切领域，对其产生影响是一样的。正是这个运动使得个人有了符合其身份的提升，因为他摆脱了对于其家庭和社会集团的原始依托；也使他得到社会的重视，如果他的行为自主独立，表现出创新和承担责任的能力。

总而言之，发生在亲族关系中的这一切变化都是与西方社会的总体演变相一致的，西方社会是资本主义社会，它给予个人创造以优厚待遇，并赋予个人利益以优先权利；西方社会同时也是民主的社会，它原则上摒弃公共权力（也包括私权）的独裁形式。最后，他也谈及基督教传统影像的重要性。

布洛涅则认为，法律不仅看重，而且遵循了这一令人担忧的、至关重要的演变，要么放松对于夫妻关系的约束，要么愈来愈把非婚同居者视同为夫妻。在二十世纪七八十年代，无子女非婚同居作为真正的伴侣开始被承认，而且 1977、1978、1983 年的法律赋予其过去只有合法夫妻才能享有的权利。需要注意的是，1975 年关于离婚的法律也同样使得伴侣的概念发生了变化：过去，人们谴责非婚同居一起生活的时间短暂。但是，当婚姻变得愈来愈不稳定和不持久时，非婚同居和正式婚姻之间的差别也日益不明显了。在我们西方的历史上，再次实行非婚同居正式化，人们甚至认为它是一种具有两面性的婚姻：其一是它较为灵活，这方面，已经取得成效的法国 1999 年制

---

[1] 埃里捷-奥热（Françoise Héritier-Augé，1933— ）法国人类学家。法国史学、地理学与民族学高等研究学院院士。

定的连带责任条约（PACS）就是一个榜样；其二是它比较正式，如同古代大部分社会所承认的那样。那么，我们依据什么理由来对这样或那样一种方式作选择呢？

我们不要忘记，伴侣们似乎愈来愈自由地生活，直至第一个孩子出生，证明他们的婚姻关系。我在前面已经明确指出，"合法化"的比例随着年龄而增长，随着职业活动而变化。有了合法的孩子以后，社会的认可就成为最重要的结婚理由。此外，我们发现，面对不再像共同生活之初那样的、已经成为"完美的结局"的婚姻，或者已经经历了一段很长时间的尝试与追求的婚姻，人们的态度发生了变化。在对发生变化的非婚同居的表现和实际生活方面也是如此：在二十世纪七十年代中期，年轻人的同居（cohabitation）——生活相当富裕的年轻伴侣们所接受的一种试婚的过渡形式——成为人们谈论的话题，而在今天，自由结合则成为个人生活中的一个正常的过渡阶段。现在，一半以上的缔约婚姻都事先经历过一个同居的时期。

如戈德利耶完全认同的一样，自由结合和婚姻的这些现代的变化与我们在个人主义社会中的行为方式、生活节奏和生存观念的深刻演变有着必然的联系，因为这个社会所赞美的价值观是自由、情感多变和赤裸裸地享乐。在一个快速生活的社会里，人们愿意活在当下，不牵挂未来，不考虑长远的计划，也不看重过去，这个社会很少重视社会、家庭或国家的建设。另外，近年来的变化的一个明显标志是，独身者们与一个伙伴，即关系不很密切的、在一个有限的社会关系圈子里得到承认的伴侣，维持一种稳定的联系，但不同居。这就是在婚姻与非婚同居之间需要选择的一条新的现代道路。

伴侣

伴侣的新的组成方式

根据考夫曼的观点，问题的实质在于组成伴侣的内部程序的改变，他赞同两种方式：逐步而有节制地进入角色的婚姻和"小步"伴侣。

他认为，今天，婚姻"开始一种新式的、尤其是夫妻之间的地位和角色的变化。这个变化奠定了伴侣的基础；它会愈来愈使得伴侣关系尽善尽美。它定义了社团化的范围；它会愈来愈使得事先形成的社团化范围制度化。在初次组成的家庭里，旧式婚姻明显存在一个突然的中断，由青春期一下就进入成年生活。而相反的是，已经成年的年轻人是循序渐进地小步走入伴侣的"①。

再则，博宗认为，开始伴侣生活的明显标志是性关系，在这一点上，它取代了婚姻。实际上，在二十世纪六十年代，性关系的发生要么在婚后，要么在结婚前夕（在做出结婚决定之后）。总之，确实存在一个何时开始的问题，同样的变化逻辑，考夫曼则主张相应放慢生命周期中由一个阶段向另外一个阶段过渡的节奏，因为这种开始今天变成"渐进的、难以察觉的、运动的和不确定的"，尤其是开始伴侣生活。因此，他认为往后很难回答下面这样一些问题："伴侣是从什么时候开始的？是从发生性关系开始，是从同居开始，还是从共同制定日常生活的管理制度开始？"②

性在现代西方伴侣中的中心角色

博宗认为，现代伴侣除了由一个制度性的定义过渡到一个内在

---

① 见 J.-C. 考夫曼：《伴侣社会学》（*Sociologie du couple*），巴黎，法国大学出版社，《我知道什么？》丛书，2007，第 50—51 页。
② 同上书，第 59 页。

的和主体间的定义以外,它的特点是,双方都愈来愈看重个人的利益;性在组建和维系夫妻关系(同时"历史性地推翻了婚姻与性的联系)中承担着前所未有的角色。"昨天,性活动只是已婚人的一种普通属性,现在成为夫妻关系和情感关系的基础试验,成为这些关系的一个符号体系。"[1]由于性具有如此的重要性,所以,没有性活动的夫妻关系就不再为人们所接受。性活动的缺乏被认为是危及伴侣并导致分离的严重问题。这种重要性同样也表现在不可预见的性生活过程的延长和多样化(即七十年代以来男性和女性的全部能力的持续释放)方面,表现在他们在实际生活中的亲密关系和性活动中愈来愈重要的相互给予的角色能力方面。因此,性成为较为普遍的运动,在1970年以来,它主张在正常情况下男女平等,就像夫妻间的交流和分担家务一样。我这样反复赘述,旨在说明我们的社会普遍认为"性活动是一种永不完结的义务(性义务),不管身体状况、年龄和夫妻身份如何。那些没有性活动的人对此佯装不知或力求为自己辩护"。[2]

这种对于性活动的持续性的社会期待可被认为是一种现代个人主义的新生事物,它要求主体个人的参与。

同性伴侣的状况

按照博宗的说法,大部分同性恋者都在一定时期有着稳定的关系或过伴侣的生活,其中有一半在同居,这与异性伴侣截然不同,因为后者的同居比例远大于前者。今天,他们要求结婚和有自己的

---

[1] M. 博宗:《性社会学》(*Sociologie de la sexualité*),见前引文,第34页。
[2] 同上书,第37页。

孩子（以承担全部责任的形式）的愿望，正如戈德利耶所指出的那样，表现出一种我们历史上前所未有的新鲜事物。此外，在同性恋者心里，性的角色更为重要。诸多社会学著作告诉我们，在男同性恋（"gay"）伴侣们看来，其他伙伴的参与使夫妻活动一体化，是一种个体自主的表现。相反，女同性恋伴侣则尤其强调相互忠诚。同性恋伴侣关系的一个明显特点是，它远不像别的关系那样是建立在社会与物质义务的基础之上的：购买住所、获得共同财产、子女、共同的朋友、共同的休闲。与异性伴侣相比，同性伴侣更能迅速地解除关系。但是，同性伴侣会经历和异性伴侣一样的过程。因此，在经历过一个以大量的情感投入为标志的初始阶段以后，会频繁发生性关系，对于外面的伙伴兴趣降低，长期在一起的伴侣会经历情感的麻木，也会借助于夫妻关系以外的伙伴来补充。

我们应该进行同性夫妻世界的跨学科多元研究。

现代伴侣的一些基本功能

今天，据弗朗索瓦·德·森格利[1]观察（2004），现代伴侣的组建首先是基于相互认识和相互尊重。他写道："一个好的伙伴要懂得帮助对方（不管是配偶还是同性伙伴）实现本来的他（她），施展他（她）的个人能力，使他（她）开心、快乐。伴侣在相互满足男性与

---

[1] 弗朗索瓦·德·森格利（François de Singly, 1949— ），法国当代社会学家，家庭社会学专家。主要著作有：《自性、伴侣和家庭》（*Le Soi, le couple et la famille*）、《共同的自由，共同生活中的个人主义》（*Libres ensemble. L'individualisme dans la vie commune*）、《分居，感受实际的分居生活》（*Séparée, Vivre l'expérience de la rupture*）等。

女性的欲望时心里想着对方。"[1]

他让我们看到，在我们的个人主义社会里，现代的人格身份（identité personnelle）及其建构受到"内在自性"（soi intime）与"法定自性"（soi statutaire）之间多重压力的约束。实际上，个性可能是在两种原则，即角色、地位、身份的原则和主观主义理想的原则的交汇处，通过对个人自主、自我和真实情感（如忠于自我的感情）的实现的诉求来建构的。任何个体的劳动都会最终暴露出隐藏在自身深处的、"内在的"、潜在的个性。然而，这种暴露不是通过道德准则的内化和事实上学会扮演一些在个体的现代观念中贬值了的角色，而是通过具有相互依存的情感关系的亲人，即"具有支配性的他人"、父母和配偶的关注与善意而形成的。正因为这样，德·森格利认为，现代社会把一种自相矛盾的个性化模式强加给我们，按照这种模式，"自我"就产生于这种情感依存关系本身。

德·森格利并不是唯一一位对夫妻关系对配偶各方个性的影响提出质疑的社会学家。因此，他采用了作为夫妻关系内部个体变化的整体过程的"夫妻关系社会化"的概念，他主张对这项"工作"的主要方式加以界定，它可以在这个或那个时段，或在配偶个性的这个或那个特点方面来进行。据他观察，伴侣们往往在干预方式上游移不定，要么宁可使个性（如职业特性）的"法定"方面得到巩固，要么宁可寻求并实现个性最内在、最独特方面的价值，使之得以充分表现和绽放。其实，配偶可以努力给予对方一种长期依从的自我的印象，这有助于两种自我即内在自性和法定自性紧密地结合在一起。从这个

---

[1] 见弗朗索瓦·德·森格利《自性、伴侣及家庭》（*Le soi, le couple et la famille*）第9页，巴黎，Nathan 出版社，2004。

角度来看，婚姻既符合法定意义上的愿望，也符合成为夫妻族一员的愿望，但是，尤其符合在所有方面都被承认的自我的要求。

此外，这项"夫妻关系社会化"的工作也会表现在性伙伴相互对于对方个性的认可方面。实际上，"男人需要被当作'男人'来认可，女人也需要被当作'女人'来认可。在夫妻处于均衡状态下，性关系（狭义的）的重要意义也许就在这种寻觅当中，尤其需要指出的是，性的逻辑对于其他实践活动来说是被拒绝的"。[1]

可是，配偶也可以以过分强烈的干预对伴侣的个性构成威胁，使其丧失关键性情感，即自我的自主情感。

在个性转变的情况下，如果既不能适应这种变化，又不对各自的功能作新的界定（尤其是这一点），而只是出于对自我的忠诚，寻求对自我的确认，那就会导致与伴侣的关系破裂，认为对方是阻碍自己个人发展的人。因此，对自我的忠诚和长期的契合关系两者是永远不可调和的，而个性的变化则是夫妻关系不稳定的另外一个因素。

对于现代独身的若干社会学思考

作为一种生活方式，独身的个人选择只是现代社会的产物。前面我们已经提到西方社会史上这种新奇的现象：尤其在大都市，单身生活的人数在明显上升。但是，单身生活并不意味着他们没有夫妻关系之外的伙伴。事实上，对于非"同居"的爱情伴侣来说，在婚姻与姘居之间的选择是一件左右为难的事情。但是，他们可以把爱情关系和简单的性关系分离开来，只有性方面的伙伴。如前面 M. 博宗所

---

[1] 见弗朗索瓦·德·森格利《自性、伴侣及家庭》（*Le soi, le couple et la famille*）第 94 页，巴黎，Nathan 出版社，2004。

述，此类情况尤指那些单亲家庭的女人，她们不再受"同居"夫妻伴侣的牵连，把婚姻和性区分开来。

　　森格利认为，独身身份是模糊的。实际上，现代个人主义只是就其延伸意义而言，因为单身生活的人只是部分地承认他们的生活方式。由于没有介入相互依存的关系，自我对于自身和他人来说都没有太大的吸引力。今天，独身（或单身生活）并不构成一种参照模式，即便它得到人们的肯定，被认为是自主自我能力的一种证明。但与此同时，当这种自我出现不完整且过于以自己为中心的时候，就不大为人们所理解。

第二章
一些历史的标记或
认识和心理治疗对象的建构

从弗洛伊德的著述说起

我认为,弗洛伊德发现并确定了爱情生活中基本的心理构成因素,但尚未涉及关于伴侣的精神分析,因为根据其结构、功能、互动动力、冲动系统和历史,它被理解为一个实体,一个群体,一种成对关系。在我看来,他的许多著作都在讲述他所理解的爱情生活的主要历程。我在下面对他这些著作进行介绍,目的是为了从中找出它们的基本关系。但是,我认为,合理的做法是我们要事先把爱情生活列入弗洛伊德关于对象[1]与对象关系的更为概括的概念范畴。

---

[1] 系指爱欲冲动的对象。

关于弗洛伊德对象与对象关系概念的若干说明

包括贝尔纳·布鲁塞特[1]在内的众多作者都发现弗洛伊德著作中首先介绍的对象的双重面孔的存在,①他们同时遇到了一个基本的矛盾：对象是冲动和冲动合成（montage pulsionnel）的一个构成要素，是可相互替换而不可缺少的：没有冲动就没有对象。另一方面，也可以说对象与冲动并无关系，它属于可被感知和表现的外部世界。它成为冲动所追求和投注的目标，以致它作为情欲动机而被主体所感知。在以对对象的爱情为结果的发展理论模式中，外在对象好像是情感投注的极地，是力比多从性成熟前向性成熟发展的媒介，因此，它具有组织者的意义。实际上，生殖对象关系是弗洛伊德的著作里首先出现的一个问题。

对象关系概念的意义，就像弗洛伊德的著作里可以从阶段出发来加以界定那样，它旨在描述由冲动——从无须言明的参照到反常的性行为——到对象爱情（amour d'objet）的过程。接下来，他所考虑的是自恋的各种构成要素和一切对象关系的双重性。此外，弗洛伊德从冲动关系出发到对象，目的是为了进入自我和对象的关系，直至使自我成为被吸收的和作为外部对象被遗弃的各种对象的纽带。

总之，布鲁塞特认为，在弗洛伊德的著述里，对象关系的位置与两个极（pôles）不无关系：第一个极即性行为，它是永恒不变的，

---

[1] 贝尔纳·布鲁塞特（Bernard Brusset，1938— ），法国精神病学者和精神分析学家。
① 见 B. 布鲁塞特《关系的精神分析》（*Psychanalyse de lien*），巴黎，法国大学出版社，2007。

而第二个极则依次为自我保护、自恋和死亡冲动。这种三重二元性赋予性行为以中心的位置。

《性学三论》(1905)

弗洛伊德关注带有强烈支配性的、渴望使自己成为在心理上高估了的性对象的主宰的性冲动的某些特点。他对幼儿性行为、人类性行为的两期发展、潜伏期[1]、青春期突然出现的变化都做了描述：如生殖至上的各部分冲动的聚合；性冲动由利己主义转变为利他主义，从这时起，它的目的就在于生殖和繁衍后代；柔情和肉体趋向同一个目标，为了同一个生殖目的而结合到了一起；对象的选择也是很迅速的，对象的"发现"实际上是一种再发现。他对第一种选择作这样的描述：这种依托选择[2]离不开对孩子关怀备至的女人。他把性欲倒错描述为一种性发育障碍，属于对某些幼儿性行为的固恋。最后，他关注爱情生活中的某些物恋现象。

"论爱情生活心理学"(1910, 1912, 1918)

在1912年《关于爱情生活中最普遍的贬抑趋势》一文中，弗洛伊德讲到某些具有无意识乱伦固恋的人的爱情生活的分裂，他引导他们有距离地保持爱恋对象性行为，否则它会重新唤起乱伦固恋。"他们哪里有爱，哪里就没有欲望，哪里有欲望，哪里就不可能有爱。"① 因此，他们最终选择对象，以避免乱伦。这是首次在具有防御性

---

[1] 潜伏期（la phase de latence），系指从5岁至青春期这一段性活动比较弱的时期。
[2] 依托（étayage），弗洛伊德用语，意为依托自我保存的本能，选择性本能的对象。
① 见弗洛伊德"关于爱情生活中最普遍的贬抑趋势"（Sur le plus général des rabaissements de la vie amoureuse）1912，《性生活》(*La vie sexuelle*) 第59页，巴黎，大学出版社，1969。

质的爱恋对象选择类型方面的精神分析的思考。对于那些具有无意识乱伦固恋的人来说，当他们高估乱伦对象及其替代者时，需要从心理上贬抑性对象。同样在这篇文章里，我们还可以看到弗洛伊德关于被教化的男人的心理无能的思考和他认为两股潮流很少能融合在一起的西方爱情生活的特点，也能看到他对于男性性欲不满足的分析："男人几乎总是因为对女人的尊敬而感到性活动受到限制，他只有在面对一个被贬抑的性对象时，才能充分施展自己的能力，另外，也基于这样一个事实：在其性目的里，出现了性欲倒错（肛门性和施虐淫）的构成因素，不允许他与一个所尊敬的女人满足自己的欲望［……］。在爱情生活里，要使自己有真正的自由，并由此而获得幸福，就必须先超越对女人的尊敬，习惯于上演与母亲或姐妹的乱伦。"[①]

相反，在《童贞的禁忌》（1918）里，女人由于对男性生殖器的生理欲求，因去势而产生无意识欲望就成为了问题，她会被认为是病理学上防御性表现，如性欲冷淡症。

"论自恋：导论"（1914）

该文以大量篇幅论述原发自恋和继发自恋、自恋力比多与对象力比多之间的对立或二重性以及它的经济（économique）问题。一方愈是汲取，另一方就变得愈加贫乏，这种观点是片面的，它认为自我对象选择的两种类型：即依托选择（par étayage）和自恋选择（narcissique），这是因为两种原始的性对象是主体本身和最先给予他无限关

[①] 见弗洛伊德"关于爱情生活中最普遍的贬抑趋势"（Sur le plus général des rabaissements de la vie amoureuse）1912，《性生活》（La vie sexuelle）第 61 页。

怀的那个人。文章明确指出心理上过高估价性对象与爱恋对象理想化之间的关系。另外，它也使人们想到，原发自恋注定要走向爱恋对象的理想化（如父母的理想化），但同时也会走向自我理想（idéal du moi）的形成和对待新生婴儿的理想化。文章也确立了自性（soi）估价情感与爱情生活之间的种种关系，引起人们对于爱情情欲（passion amoureuse）的讨论，并勾勒出一种自恋对象的选择类型，似乎能适合"一个神经症患者的治愈方案"（治疗对象的选择）。

该文把原发自恋定义为自我的原始力比多的填补，同时指出，自我取代了对象的位置，因此，它是在描述一种对象关系。

"冲动及其命运"（1915）

在我看来，该文的重要意义尤其在于综合论述了性冲动及其多种命运的各种特点；最早确定了冲动的二重性，即自我冲动（自我保护的冲动）/性冲动；拉近了爱情与憎恶的历史距离，有助于我们更好地理解在某些爱情发展阶段（口唇期和肛欲期）出现的憎恶因素；提出了关于对应伴侣（受虐狂/施虐狂和观淫癖/裸露癖）的情感与冲动的情绪矛盾概念。

"悲伤与忧郁"（1915）

该文旨在论述由对象的丧失、对象投注方式和各种认同所引起的正常和病态的悲伤的作用；尤其论述了作为对象选择的预备期的认同问题和自我选择对象（出于接纳的愿望）的第一种方式（表现为双重性）；此外，它确立了参与忧郁性悲伤的自恋认同与癔症认同之间的第一个不同；因而也第一次提出了关于认同的观念，这种观念后来在1921年得到了发展。

布鲁塞特[1]（2007）指出说，弗洛伊德在本文有一个巨大的变化，那就是宣告了第二场所论和对象关系理论。现在，冲动理论的可相互替换的对象发挥着巨大的作用，自恋和二重性投注就说明了这一点。忧郁使得一切持久的对象关系的那些看上去恒定的外表成为了榜样：正如我们在临床上和移情中所见到的一样，对象在具有一定的这样或那样的冲动时，成为自恋和矛盾情绪的投注场所。但是，这些不同的外表既不同时出现，也不出现在同一个方面。

"对移情的观察"（1915）

这篇著名的文章从二重关系的自然角度向我们介绍了爱情的实际经验。移情是由精神分析的情境来决定的，在这种情境当中，因被诱惑而反复出现的强烈欲望导致情感的转移和对象关系的理论：确实，这种情感状态仅仅是一种古老社会事实的再现，一种幼儿期反应的重复，但这也正是一切爱情的真正属性，没有这种童年原型的人是不存在的。正是幼儿期的这种决定因素使爱情具有了近乎病态的强烈欲望的性质。①

---

[1] 贝尔纳·布鲁塞特（Bernard Brusset, 1938— ），法国精神病科医生，精神分析学家。

① 弗洛伊德《对移情的观察》（*Observations sur l'amour de transfert*, 1915），见《精神分析的技术》（*La technique psyanalytique*）第126-127页，巴黎，法国大学出版社，1997。

伴侣

"一个女同性恋病例的心理学起源"

在本文中，弗洛伊德首次提及另外一种对象选择的类型，它体现了一种既能满足异性性爱欲望又能满足同性恋欲望的妥协，而异性性爱欲望和同性恋欲望是符合人类普遍存在的两性状态的。他向我们指出，在这方面，心理学分析发现，正常的个体相对于他们明显的异性恋而言，在很大程度上具有潜在的或无意识的同性恋的表现："她最终选择的对象不仅符合她心目中的女性形象，也符合她心目中的男性形象，这个对象把满足自己欲望中的同性恋倾向和异性恋倾向统一起来了。"① 后面，他又补充说："我们所有的人都是在男性对象和女性对象之间犹豫不决地度过一生的。"②

"群体心理学和自我的分析"（1921）

除了他关于认同的重要论文——文中，认同被认为是与对象联系的原始形式，但也被认为是对象关系的命运所在，其中，我们可以看到在对象认同的欲望与角色互补的对象关系欲望之间本质的二重性——之外，一篇题名为《爱情状态与催眠》的文章也论及诸多问题，其中关于爱恋对象持续投注的起因（甚至在性欲望的潜伏期）问题对于我们的主题来说是尤为重要的。与之相应的是，从冲动的话语来说，文章把受阻碍的冲动（就目的而言）和不受阻碍的冲动的结合所表达出来的柔情与肉欲的两种心潮交融在一起了。根据"柔情冲动"的重要性，我们可以推断出相对于单纯性欲的爱情状态的紧张程度。在另外一篇题名为

---

① 弗洛伊德《一个女同性恋病例的心理学起源》（Psychogenèse d'un cas d'homosexualité féminine, 1920），见《神经症、精神病与反常》（*Névrose, psychose et perversion*）第 255 页，巴黎，法国大学出版社，1973。
② 同上书，第 256 页。

《目前对战争和死亡的看法》(1915)的文章里，这种爱情的紧张被解释为一种对于对象的无意识憎恶的反投注的紧张。文章还对爱情状态进行了场所论的分析。它注意到了对象的理想化、对象所吸纳的自我的自恋癖、自我的不断贫化和自我理想的批判与禁止功能的降低。另外，它确立了认同与爱情状态两者之间的不同，依旧认为，在爱情状态中，即便自我耗竭，弃己于对象，从而取代了自我理想的位置，还是存在着对象的内投，这种内投是通过拿自我的优点来丰富自我而实现的。这样，对象就取代了自我和（或）自我理想的位置。

"嫉妒、恐惧症和同性恋的神经症机制"(1922)

弗洛伊德论嫉妒的文章是琼斯[1]和克莱因[2]的参考文献。此文让人豁然开朗，我们在后面的章节里将对它加以评述。

据弗洛伊德观察，在同性恋当中，社会情感和对象选择是不会分离的。此外，他向我们指出，对于任何一个已经具有俄狄浦斯情结机体的主体来说，在伴侣的异性恋投注和得到社会性升华的同性恋投注之间，都存在一种有关道德原则的结构平衡。C.帕拉[3]在其1967年发表的《关系》(Rapport)一文对此作了进一步的论述。

"自我与本我"(1923)

弗洛伊德最终注意到了爱情关系中对象投注和对爱恋对象的认

---

[1] 琼斯（Jones Ernest, 1897—1958），英国精神分析学家，弗洛伊德的合作者和支持者。
[2] 克莱因（Melanie Klein 1822—1960），奥裔英国女精神分析学家，儿童精神分析的先驱。她的代表著作是《儿童精神分析》(1932)。
[3] 帕拉（Catherine Parat），法国当代女精神分析学家，巴黎心身医学研究所创始人之一。

同（亦即自我和性格的改变）是共存的。这里关系到内投的认同，且自我会因此而成为内投对象的场所。对象投注的放弃，会随即产生导致认同或升华的无性化，并伴随着冲动的分裂，亦即死亡冲动的释放。在本文中，弗洛伊德也描述了积极俄狄浦斯情结和消极俄狄浦斯情结及其对于因此而变得复杂化的伴侣们的爱情生活的影响。对象（父性的和母性的）的选择走向了认同，其中包含了两个复杂的因素：即俄狄浦斯关系的三角情境和个体体质上的两性状态。有两种对象、两种投注，即异性恋的和同性恋的，也有两种冲动（情欲和破坏欲）。这也就使得双重性和双性恋之间有了一种联系。这样，四种倾向就会聚结为两种认同，即父性认同和母性认同，亦即性别的认同。

在第二场所论里，对象占据了重要的位置。实际上，在同样一个人格里，自我、超我、本我和不同的心理区分之间的关系，在发展过程中，在与周围亲人即欲望对象和认同对象的关系中已经通过内在化建构起来了。

"受虐狂的协调问题"（1924）后来与贝诺·罗森贝格[1] 发生碰撞（1991）

"物恋癖"（1927）

在这篇关于性欲倒错及其无意识过程的参考文献里，他介绍了

---

[1] 贝诺·罗森贝格（Benno Rosenberg），法国当代心理学家和精神分析学家。主要著作有：《生命冲动与死亡冲动之间的自我及其焦虑》(*Le moi et son angoisse, entre pulsion de vie et pulsion de mort*)。

部分对象和部分对象关系与完整对象和完整对象关系相关联的重要意义，尤其确定了倒错关系的基本因素。

关于女性性特征的文章

《解剖学性区分的心理学后果》(1925)、《女性之性》(1931)、《女性》(1933)这些文章都涉及女孩的俄狄浦斯情结问题，同时也涉及母-子的前俄狄浦斯情结关系。实际上，通过女孩的俄狄浦斯情结，弗洛伊德把我们带进了男孩和女孩的前俄狄浦斯情结的至关重要的时期。对于女孩来说，必然有一个由母亲到父亲的转变，有一个由阴蒂到阴道的性感部位的转变。他强调了女孩对于母亲的附着和相对于男人来说女人两性状态的重要性；他提到了女孩对于阴茎的欲望和对于女性的排斥；他注意到了情感和欲念冲动由母亲向父亲，然后向爱恋对象转移的重要性。女人的自恋十分明显，有着强烈的被爱的欲望，这就决定了她们相当自恋的对象选择类型。

《文化中的不适》(1930)

关于海洋感觉，他描述为一种像浩森无垠的大海一样，与宇宙万物成为一体的感觉，他把这种心理经验归于最古老的、胎儿的、与母亲共生的实际经验。他注意到，在爱情状态中，自我和对象的界限可能会变得模糊不清，这与生命初期那种无限自恋的恢复是一致的。这一思想我们还会在 B. 格兰贝热[1]的著述里再次看到。

---

[1] 贝拉·格兰贝热（Grunberger, Béla, 1903—2005），法国精神分析学家。主要著作有：《自恋癖》(Le narcissisme)和《自恋癖、基督教、排犹主义》(Narcissisme, christianisme, antisémitisme)等。

不同作者关于对象关系及其宿命的概念

我们研究这种已经成为伴侣的精神分析对象的转化经过，不能不涉及对象关系的概念及其所带来的纷繁的概念转换问题。正如布鲁塞特在其《关系的精神分析》（2007）一书中所指出的那样，"对象关系概念来自于一种观念运动，这种运动力求使精神分析在某些方面摆脱弗洛伊德的方法论，重新集中到爱恋对象的起源与发展上来"。[①]

山多尔·费伦齐[1]

布鲁塞特认为，这个运动的出现，山多尔起了至关重要的作用。早在1909年，他就从他的早期内投（introjection primitive）理论出发，把移情界定为第一对象关系的反复。在1929年，他的精神分析学的方向发生了彻底的改变，把研究环境对于儿童造成的创伤摆在了优先的位置。他的著名文章《儿童与成人之间的语言误会》（1933）[②]就是这方面的一个例证。

在费伦齐留给我们的与弗洛伊德进行辩论的文献当中，布鲁塞特发现有三个人对于对象关系理论作出了重大的贡献：他们是：W.

---

① 见 B. 布鲁塞特《关系的精神分析》第70页，巴黎，法国大学出版社，2007。
[1] 山多尔·费伦齐（Sandor F. Ferenczi, 1873—1933）匈牙利心理学家，精神分析学家，早期精神分析的代表人物之一，于1913年创建匈牙利精神分析学会。主要著作有：《精神分析的发展》（与兰克合著）和《精神分析技术的灵活性》。
② 见 S. 费伦齐 "儿童与成人之间的语言误会"（Confusion de langues entre l'enfant et les adultes）（1933），《费伦齐全集》第四卷，巴黎，Payot 出版社，1982。

R. D. 费尔贝恩 [1]、M. 巴林特 [2] 和 M. 克莱因 [3]。

米歇尔·巴林特

他全面开创了母子第一关系的研究领域。在竭力拉近弗洛伊德与其老师费伦齐的距离的同时,他采取了倾向于既坚持冲动理论,也坚持对象关系理论的态度。然而,他的选择与费尔贝恩的选择非常接近。全部的和无条件的爱欲是第一的和最基本的对象关系形式。针对父母的缺陷和诱发儿童的"基本缺点",他采用了"原爱"(amour primaire)和"基本过失"(faute fondamentale)这样的概念。力比多可能表现出来的有两种基本倾向:即寻求肉体快乐和寻求对象。因此,作为失去原爱的反应,出现逆反的心理可能永远是次要的。

W. R. D. 费尔贝恩

他不接受克莱因所主张的对象关系只是一种幻觉的观点。相反,

---

[1] W. R. D. 费尔贝恩(W. R. D. Fairbairn,1889—1964)英国心理学家,精神分析学派的主要代表人物。为发展对象关系理论作出重要贡献。认为自我分为三部分,即力比多自我、反力比多自我和中心自我,分别与本我、超我和自我相对应。主要著作是《精神病及精神性神经症心理病理学的修正》(Revised Psychopathology of Psychoses and Psychoneuroses)

[2] 米歇尔·巴林特(Michael Balint,1896—1970),匈牙利籍精神病学家和精神分析学家。在布达佩斯接受了费伦齐的训练,于1939年移居英国。主要著作有:《婴儿早期的个体差异》(Individual Differences of Behaviour in Early Infancy)和《原爱和精神分析方法》(Primary Love and Psycho-Analytic Technique)等。

[3] 梅兰妮·克莱因(Melanie Klein 1882—1960),德裔英国著名儿童精神分析学家,儿童精神分析研究的先驱。她提出了许多具有深远意义的创见,开拓了理解最早期心理历程的途径,被誉为继弗洛伊德后对精神分析理论发展最具贡献的人物之一。主要著作有:《羡慕与感恩》(Envy and Gratitude)和《一个儿童的分析过程》(Narrative of a Child Analysis)等。

他认为，在内在对象形成以前，实在对象具有直接的决定性作用。自我/对象关系是核心，是人格结构的正常状态。实际上，自我就是在他的对象投注行为中建构起来的，他是在对象的塑造下形成的。与生俱有的力比多，即自我的功能所追求的是对象，而不是快感，后者仅仅是一种表面的现象。原始焦虑是一种分离的焦虑，面对分离，对象内化是一种保护措施。焦虑是一种缺失和剥夺的反应。最后，他否认死亡冲动的存在。

莫里斯·布韦[1]

莫里斯·布韦在接受弗洛伊德和亚伯拉罕的观点的同时，也受到了 M. 克莱因和 P. 费德恩的思想的影响，他强调开展对象关系领域的研究对于建立精神分析临床医学的重要性。

他从某些概念出发，建议人们区分对象关系——即"主体与其'具有意义关系'的、内在的和外在的对象的关系体系——的两种主要类型：即性成熟前的（prégénital）对象关系和性成熟期的（génital）对象关系。

这里关系到一些传统的概念，如：固恋（fixation）、倒退（regression）、投射（projection）、内投（introjection）和幻觉活动；关于内投，他把它分为两种形式：即保护性形式——对于自恋建构的认同的开端——和破坏性形式。它强调具有认同、与他人"同体错乱"（confusion consubstantielle）以及"同体认同"（identification consub-

---

[1] 莫里斯·布韦（Maurice Bouvet, 1911—1960），法国精神分析学家。主要著作有：《对象关系：强迫性神经症，人格解体》（*La Relation d'objet: névrose obsessionnelle, dépersonnalisation*）和《传统精神分析疗法》（*La cure psychanalytique classique*）等。

stantielle）的需求意义的内投需求。此外，它指出在认同需求和认同恐惧之间可能存在着内投的冲突，因为可能出现的攻击性投射会使得对象具有危害性。

新出现的概念还有"对象距离"，它表示"在一定时间内一定主体的各种对象关系之间存在的差距，这些对象关系有的是主体有意识体验的，有的则是一种经过打磨的防御物，如果作为这些对象关系基础的无意识幻觉由于主体的本能冲动及其投射而变成有意识的话"。①

这样，他把"拉近"的距离和"疏远"的距离区分开了；这种距离的调节和管理的基本机制由避免出现人格解体危险的防御行为所构成；关于对象关系方法的概念，它的变化是与同一个主体自我的结构变化同步的。此外，他对自我之间相互关系的存在、冲动的平衡与对象关系也进行了描述，认为对象关系既是一种与对象的关系，也是一种自恋关系，因为自恋的机体（organisation narcissique）必须借助于主体与某个对象的关系才得以形成。

性成熟期的对象关系显然是一种正常的状态，而某些集中于俄狄浦斯冲突的神经症机体则最终形成只注重对象的实在性的对象关系，而这个对象是在其相异性当中被感知的完整对象。

性成熟前的对象关系一直延续到性成熟前的固恋期，如强迫性神经症中的口唇期或肛欲期，而且具有强烈的关系独占欲特点；这种关系的主体的需求发展到后来被表述为"依托对象关系"，即布韦所认为的依托于某个可以扮演"临时自我"（moi auxiliaire）角色的对象的自恋需求。性成熟前的对象关系具有这种既"绝对必要"，又受

---

① 见 M. 布韦《对象关系》（*La relation d'objet, 1956—1960*）第 139 页，巴黎，法国大学出版社，《红线》丛书，2006。

到"让人窒息的约束"的性质，这是它本来的意义。由于在先前的性成熟前期，个性主要表现为固恋，正常的和全部的性关系（即爱情）基本上是一种亲近关系，在这种关系中，主体为了瞬间与他者融合而不受其个性的限制。不过，在性成熟前期者那里，爱情对于主体的完整性来说，实际上是一种破坏，一种威胁。性成熟前期关系特别窘迫的是，它既不能最终走向亲近，也不会最终导致实际上的疏远。另外一种形态是双重欲望，它既欲与其欲望对象绝对亲密无间，又欲相对于这个对象而保持绝对独立。这里既有与对象的虚幻欲望，也有担心失去自己个性的恐惧。自性（soi）和对象之间的每一个差异都是一种难以忍受的痛苦，但是，通过自我本身的改变来使彼此相似也是难以承受的事情。用自恋的话语来说，为了加强对自我的感情，继续需要接纳一种自己所必须的关系，但是，如果不经过一个在预防和征兆方面的复杂过程，也是难以接受的。

这种窘迫的最后一种形态是，"性成熟前期者"们的统一感觉（sentiment d'unité）由于有沉迷于自恋对象的危险而会成为问题，因为他们一方面迫切需要这个对象，而另一方面会由此而产生一种焦虑，担心构成他们人格的基本因素会被分散和破坏，也就是说，在归来途中，他们觉得自己还要和众人处于一种未分化的状态。

梅兰妮·克莱因

她关于对象与对象关系的观念

梅兰妮·克莱因强调幻觉对象关系，因此也强调内在对象，内在对象在早熟发育期的投射和内投过程中起着决定性的作用。

第二章　一些历史的标记或认识和心理治疗对象的建构

　　先天的破坏性冲动是儿童在最初经验坏的内在对象时形成的，他应该首先经过分裂和投射（偏执-分裂样期［position paranoïd-schizoïd］），然后经过心理加工一个好坏兼备的完整对象时的抑郁期（position depressive）而最终摒弃坏的内在对象。实际上，抑郁期的目的指向是对好的对象的内投和对情绪矛盾的对象关系的心理加工，亦即减少对于好的对象和坏的对象、也包括部分对象和完整对象的分裂。

　　内在世界里的对象角色是区分和组织各种冲动。外在对象的角色基本上是限制、逐渐控制坏对象的投射和内投系统，同时给予孩子以足够好的经验，纠正他作为介质的投射。这样，母亲、父亲都有了一种趋向于限制内在对象的投射机制发生变化的职责，因为这个机制在被逐渐修正，但不是由他们组织和建构。

　　这样，既然赋予了内在对象的协调职能（économie）以近乎专利的权利，那我们就根本不用考虑它会让位于对象的现实性和基本相异性这种问题了。

《爱与恨》[①]（1937）和《羡慕与感恩》[②]（1957）

　　我们之所以选择这两部著作来介绍，是因为它们特别有助于人们对于伴侣和爱情生活的理解。但是我们将只列举她关于偏执-分裂样期和抑郁期的两篇重要文章，作为从历史和动态的角度理解夫妻关系的基本的概念性工具：即《关于躁郁症状态的精神源说研究》

---

① M. 克莱因，J. 利维埃：《爱与恨》（*L'amour et Haine*）［1937］，巴黎，Payot 出版社，1978。
② M. 克莱因：《羡慕与感恩及其他论文》（*Envie et gratitude et autres essays*）［1957］，巴黎，Gallimard 出版社，1978。

（1934）和《悲伤及其与躁郁症状态的关系》[①]（1940）。

M.克莱因对于弗洛伊德发现的爱情生活的某些精神方面的研究更加充实和深入。她向人们指出，爱与恨的情绪矛盾冲突是先天的、体质性的。恨是一种破坏和分裂的力量，而爱则是一种和谐和统一的力量。她把作为防御本能的攻击与为生存而作的斗争和与恨密切相关的攻击性区分开来。她描述了人们会在爱情生活里发现的婴儿的三种原始防御机制：即投射，婴儿在面对表现为由死亡本能所带来的毁灭威胁的最初焦虑时所采用的第一个安全措施；好坏对象世界的分裂，它可以使婴儿避免面对同一个对象——首先是母亲的乳房，然后是母亲——时情绪矛盾的痛苦；理想化，作为避免迫害焦虑的防御措施。婴儿的目的已经是尽可能获得心理上的安全，获得消除危险和破坏情感的快乐。占有的贪婪或欲望是生命冲动的表达。她描述了对异性的羡慕：如女性对男性的阴茎、性交插入和使女性受孕生子；男性对女性被动体验的天赋和承受、期待、容忍的能力。在弗洛伊德和琼斯[1]学派里，她对爱情嫉妒，后来对真实的爱情（假如有奉献和承受痛苦的禀赋和一定程度的依从）都作了描述。她和J.利维埃[2]写道："通过爱情的结合，一方面获得了趋向和谐与统一的生命本能（自卫本能和性本能）的满足，另一方面，就破坏本能和死亡、独居、性无能的危险而言，增强了安全感。以最小的奉献获得快感的状态，但可以无限地

---

① M.克莱因：《精神分析论集，1921—1945》（*Essais de psychanalyse, 1921—1945*），巴黎，Payot出版社，1968—1998。
[1] 厄内斯特·琼斯（Ernest Jones, 1879—1958），英国精神分析学家、弗洛伊德的最亲密的合作者与忠实的支持者，也是弗洛伊德官方传记作家。
[2] 若昂·利维埃（Joan Rivière, 1883—1962）英国著名女精神分析学家，克莱因的忠实合作者。

使用依从的特权。"①

至于选择爱情伙伴，她向我们指出，男性对于女性的情感永远受到他第一次与其母亲的接触的影响。成年人意欲在爱情关系中重新找回他儿时爱过的人的那种印象和与这种印象相关联的幻觉。此外，伙伴的无意识会彼此相一致：作为男性的儿子意欲重新找到母亲，作为女儿的女性意欲重新找到父亲。这使人想到夫妻关系中开始上演一出互惠的节目。

在论及男性和女性的性幻觉程度时，她尤其指出婴儿针对母亲和父亲的各种性虐待狂幻觉。她认为，性欲与恨和攻击性冲动之间的错乱迷离使得性与犯罪联系在了一起，从而产生了一种修复被爱和被伤害对象的需要。性的满足（它所带来的快感除外）既产生身体上的安全感，同时也是一种鼓舞，对于男性和女性来说，肯定了他们自身和伙伴的性器官是良好的和没有危险的。这样，两个处于良好状态的人就能更多地享受真正的性的快乐。另外，还会有一种对于好爸爸好妈妈和好孩子的认同欲望，以及对于男女欲望的满足。比如，男人可以从他妻子身上享受母亲似的快乐。

羡慕是伴侣生活中很重要的心理因素，关于这个主题，克莱因作了大量精辟论述。破坏冲动的口唇施虐淫和肛门施虐淫的表现在生命之初就有了，它反映了一种导致感恩的享受能力。她认为，阴茎羡慕反射出对母亲乳房的羡慕。那么，它对于性生活会有什么样的影响呢？

对于女性来说，征服和收集（collection）男人是一种对母亲的性器和乳房的胜利。她在生殖器官的满足和最初的口唇满足之间建立

---

① 见 M. 克莱因，J. 利维埃，《爱与恨》（*L'amour et Haine*）1937，巴黎，Payot 出版社，1978，第 62 页。

起一种联系。对于男人来说，在羡慕过分强烈的时候，它就会与正常的满足感处于对立的状态，恨与焦虑就会转移到阴道。口唇性关系一旦被扰乱，就会反应在与女性的性关系上面，对类似性无能或生殖器官满足感强迫需求症有决定性的影响。

她最后指出，投射的认同和内投的认同在使得自我（soi）和对象之间、内在世界和外在世界之间的界限模糊不清的同时，成为造成精神错乱的重要因素。

其他后克莱因派：温尼科特[1]和比翁[2]

在后面的论述中，温尼科特和比翁不知不觉地引入了两种爱情伴侣模式，一是母亲-婴儿关系，它成为一种相互关系、一个"统一体"（unité）、一对"伴侣"；二是被动分析关系，它被变成了分析的伴侣。

---

[1] 唐纳德·温尼科特（Donald W. Winnicott, 1896—1971），英国精神分析学家。他是继梅兰妮·克莱因之后，较具原创性的对象关系理论大师。在弗洛伊德之后的精神分析流派中，温尼科特具有非凡的创新精神和独特的视角。他远离了弗洛伊德对本能的强调，撰写了大量著作，阐释母亲与孩子之间的相互作用如何滋养或阻碍孩子发展，他将克莱因所强调母亲对孩子人格发展的关键性影响扩散至孩子周围的环境，若克莱因专注的是家庭环境中，母亲在孩子的意识层与潜意识层中是不可取代的对象，温尼科特则将他的关怀转了一个大方向。他认为，母亲是环境的一部分，身为儿童的照顾者，重要的是提供能促进儿童发展的环境。不同于克莱茵仍保留弗洛伊德提出的本能驱力，温尼科特将儿童自我建构提升至社会化层次，乃至文化领域的影响。主要著作有：《游戏与现实》（*Jeu et réalité*）、《儿童的成熟过程》（*Processus de maturation chez l'enfant*）、《人类的本性》（*La nature humaine*）等。

[2] 比翁（W. R. Bion, 1897—1979），英国儿科医生，精神分析学家，是群体精神疗法和群体精神分析的先驱者。主要著作有：《精神分析学基础》（*Éléments de la psychanalyse*）、《小群体研究》（*Recherches sur les petits groupes*）和《精神分析对话》（*Entretiens psychanalytiques*）等。

唐纳德·伍德·温尼科特

关于爱情伴侣的建构与研究，温尼科特提出了全新的概念。

首先，他指出，在任何人的生命之初，都存在一种由"个体-环境的组成与结构"表现出来的依从关系，他认为，这种"婴儿-母育"（nourrisson-soins maternels）的依从关系又是一种"母亲-婴儿伴侣"关系，它与意味着个体完全融于环境之中的原发自恋是一致的。在原发自恋和相互关系两者之间，存在一些由对象和过渡现象表现出来的中间阶段，继之是游戏（jeu），再后来是文化经验。这些中间阶段属于第三区域（aire），是经验的中间区域，它既不同于心理现实，也不同于内在现实，但是，后两者都促进了中间区域的形成。这个中间区域在可能的空间里确定位置，在个体与环境之间变化不定，因为环境起初使婴儿与母亲既连接又分离。"在整个人生中，它都会继续存在于艺术、宗教、虚构生活和创造性科学劳动方面的内在实验世界里。"[①]

他向我们指出，群体成员在如宗教和艺术方面的共同经验由于个人中间区域的重叠而成为可能。他同样提出，处于"两种游戏领域——即患者和治疗专家的游戏领域——相互重叠的地方的精神疗法属于另外的雷同现象。在精神治疗当中，是谁跟谁打交道呢？是两个人一起做游戏"。[②] 难道在夫妻伴侣当中不是这样的吗？

在谈到创造力和幻想之前，让我们先来看一下温尼科特的另外一个重要的概念：即被作为投射和内投的交叉认同的关系来考察的相互关系的概念。它的前提条件是必须具有能力，或不使用投射和内

---

① 见 D. W 温尼科特：《游戏与现实》（Jeu et réalité）[1971]，巴黎，Gallimard 出版社，1975，第 25 页。
② 同上书，第 55 页。

投机制。因此他写道,"我们大部分生命是在交叉认同的关系中度过的"。[1] 正是由于这种交叉认同,自我和非我(non-moi)之间的分界线才变得模糊不清。事实上,这个概念把我们引向了对于夫妻关系中某些活动过程的研究,并使我们接受它们在两个自我之间变得界限不清这样的现象。

温尼科特曾特别坚持创造力的重要作用,以致确信在儿童的创造潜能里存在着先天的参与创造的冲动,这种冲动与幻觉、与有创造性的生命、与生存行为都有关系。他甚至指出,"儿童具有使用幻想的天赋,没有幻想,心理和环境之间就不可能有任何的联系",[2] 它同时列举事实说,"群体是以我们幻想体验的亲缘关系为基础的"。他明确指出,创造取决于需求和冲动的推力,取决于幻想,这就是说,他相信由儿童创造的东西是确实存在的。

这些概念与不断增长的先天潜能概念和发展与成熟过程的概念的相结合,也可以帮助我们研究另外一种类似的概念,即有一个婴儿的年轻伴侣的概念,婴儿处于变化之中,由于受创造潜能、生长发育、生理整合和成熟过程的驱使而充满活力。

在儿童和伴侣这些成熟过程中,基本上都有一个抑郁期。温尼科特把这个抑郁期描绘成一个焦虑期(stade de la sollicitude),这时会出现可忍耐的情绪矛盾和犯罪与修复感,这是一种礼物、捐赠物,是对他人的关心,是个人责任感的表现。他认为,负罪感来自于以两

---

[1] 见 D. W 温尼科特:《游戏与现实》(*Jeu et réalité*)[1971],巴黎,Gallimard 出版社,1975,第 188-189 页。

[2] 见 D. W. 温尼科特:"精神病与母亲的照顾(Psychose et soins maternels)"[1952],《从儿科医生到精神分析》(*De la pédiatrie à la psychanalise*)第 192 页,巴黎,Payot 出版社,1969—1992。

个母亲的结合（réunion）为出发点的个人根源，即冷静的爱和狂热的爱，亦即爱与恨的根源。

焦虑能力[1]（la capacité de solicitude）的心理加工（1963）是社会生活的一个重要特性。同时发生的爱与恨的体验导致了情绪矛盾的形成，然后，这种情绪矛盾不断强化和提炼便导致了焦虑的出现。

两性状态作为"全部自性"（soi total）的本质，也是温尼科特向我们提出的一个重要的概念。纯正的女性和男性成分，一方面作为建立在全能经验基础之上的生命经验，使自我的情感和主体/对象冲动的认同得以建立，另一方面，作为行为和冲动对象关系意味着主体/对象的分离，它们会形成两个极，围绕这两个极，夫妻关系动力学——群体（纯女性）动力学和主体间动力学（纯男性）——既有一定的结构，又处在不稳定的状态。它们的结合实现了表达两性状态的"夫妻关系的全部自己"。

最后，我要着重指出他的《论交流与不交流》（1963）这篇文章，此文把个体作为孤立的人（êtres isolés）提出来，认为人格的核存在于这些孤立的人的身上，它作为"真实的自我"（vrai-self）不应该与感觉到的对象世界进行交流。同样，在伴侣内部也存在着不交流区域。因此，交流既不是全部的，也不是永久的。根据温尼科特《独处的能力》（1958）一文，我们可以看出他在夫妻伴侣的构建与理解方面的贡献。这里关系到形成孤独的起始基础。独处能力是基于存在于个体心理现实中的好的内在对象、能带来信任感的好的内化关系和较小的被迫害的忧虑。

---

[1] 焦虑能力，系指个人感到与某事关连而应承担责任的一种心理能力。

一个人所面临的独处是在母亲通过自己提供的自我介质给予尚不健全的自我一种自然的情感补偿时出现的现象。然后，个体使这种自我的母亲-介质内在化，在始终没有求助于母亲或母亲的化身的情况下变得具有了独处的能力。他建构了一个"内在的环境"。此外，温尼科特还提示我们，"可以说，一个个体的独处能力是基于他能够面对原风景（scène primitive）[1]情感的天赋"。①

那么，在伴侣内部，何为这种个人"面对他人心理的独处"能力呢？

威尔弗雷德·鲁普雷希特·比翁

他的贡献是多方面的。

——在关于小群体动力学的创新性研究（其特殊的形成过程与构成形式）方面，小群体动力学成为了群体精神分析最早的方法之一。

——在关于母亲-婴儿关系和患者-精神分析医生关系的研究方面，这两种关系被认为是种相互关系，而不再是单方面的对象关系。

提及他在理解群体精神分析方面的创新性贡献，一方面，对于英国、阿根廷和法国学校里的作业产生了决定性的影响；另一方面，对于我们来说是构建作为自然群体的伴侣对象的基本标志之一。

对于群体精神分析的理解

首先，他认为，古往今来，凡个人都是某个群体的成员，是既处在与群体的冲突当中，又处在与构成其"社会性"的个性面貌的冲

---

[1] 系指双亲在子女面前的想象的或真实的性行为。
① D. W. 温尼科特：《从儿科医生到精神分析》（De la pédiatrie à la psychanalise），巴黎，Payot 出版社，1969—1992，第 328 页。

突当中的"群体动物"。这与弗洛伊德的观点相悖,在比翁看来,弗洛伊德把这种冲突局限在了惟一的反文化斗争的范围之内。对于我们来说,这些关于"社会性"和所有个体的群体属性的概念都是基本的和特别新颖的概念。

"实际上,他写道,任何一个从时间与空间来说孤立的个体,都不能被认为是不属于任何群体,不表现出来自集体心理的任何能动性。"[1] 在后面的章节里,他补充写道:"集体心理学与个体心理学的明显区别是一种错觉,这个错觉来自于这样一个事实:在对群体尚不熟悉的观察者看来,群体所造成的现象是新奇的。"[2]

在论及一切个体的"社会性"时,他使用了独立于个体精神状态的"群体精神状态"这个概念。这种社会性是一种既使群体得以凝聚又阻碍群体运行的东西。回过头来说,我们必须首先指出,"受到心理倒退导致个体丧失其鲜明个性这一事实的支持,比翁把社会性界定为'群体存在的幻觉',这与人格解体的概念是一致的。正是这种人格解体使人们看不到它是一个个体的结合体。由此可见,如果观察者认为存在一个群体,那么,组成这个群体的个体就应该已经经受了这种心理上的倒退。"[3]

此外,比翁还指出,在任何群体中,冲突的精神活动倾向都是多种多样的,主要表现在"职能群体"(groupe de travail)和建立在"基本前提"(Basic assumptions)之上的"基础群体"(groupe de

---

[1] 见 W. R. 比翁《小群体研究》(*Recherches sur les petits groupe*,1953),巴黎,法国大学出版社,2000,第 115 页。
[2] 同上书,第 116 页。
[3] 同上书,第 95 页。

base）当中。

　　这里涉及小群体心理机能的两种模式。劳动群体体现出其成员在为完成与现实相关的共同任务而进行的活动中有意识的和自愿的合作。它包含了自我的各种特性，而且由于继发心理过程的功能逻辑而具有生机活力。然而，群体成员有意识的合作并不是唯一合乎理性的和"从属性的"（secondarisée），它同样由于受到时而阻碍时而刺激它的无意识的情感与幻想的传递而十分活跃。这样，基础群体就通过原发心理过程的功能逻辑表现出来。比翁认为，聚于某一群体之下的个体为了按照他们称之为"基本前提"的情感状态行事而下意识地（"诱发"）迅速组合起来。经他考证，有三种情感状态（依存［dépendance］、战斗-逃跑［combat-fuite］、结伴［couplage］），是一个群体都要不知不觉地轮番服从的。它们并不同时出现，某一种处于主要位置的状态掩盖着其他潜在的状态，从而构成"原始精神体系"（système potomental）。

　　以"相互依存"为基础的群体聚集起来是为了有一个支撑它的领导者，赖以获得物质与精神食粮以及安全保障。

　　以战斗-逃跑（fight-flight）为基础的群体聚集起来是为了抗击或避开某种危险。在这种情境下，被接受了的领导者就是那个其欲望会使群体有逃避或攻击机会的人。有时候，战斗-逃跑的态度会导致结伴现象，即导致伴侣或小群体（sous-groupe）的形成。这样的伴侣可能会试图改变整个群体，作为群体内激发出来的"救世主降临的希望"，但是，对于群体来说，它代表了一种危险，因为它最终会形成一个独立的小群体。

　　比翁认为，在群体情境下，强加给个人的心理倒退会使精神病焦虑得以重新复活，上述三个表示群体精神状态可能存在的不同内容的基本前提与群体对于精神病焦虑的防御反应是相一致的。

弗洛伊德把群体（包括家庭、教会和军队等特殊群体）内部的各种神经症机制混为一谈，比翁与其不同的是，他受克莱因的启发，实际上已经指出并研究了机能与属于偏执-分裂样期和抑郁期的精神病机制的一个水准，他认为，这种精神病机制占了主要的位置。

母亲-婴儿和患者-精神分析医生的相互关系

继 M. 克莱因之后，比翁赋予投射认同以极其重要的意义，这种认同与母亲或精神分析医生的梦想力即阿尔法功能因子紧密相关。他还确立了暗含在投射认同过程中的容器/容纳物（contenant/contenu）关系。

他认为，在思考与投射认同之间存在着种种必然的联系。事实上，对于挫败的不能容忍会增强精神现象（中的）兴奋程度。从源上来说，思考是一种旨在通过投射认同减轻处于亢奋状态的精神现象的方法，投射认同作为一种机制，建立在全能的幻觉基础上，通过这种全能幻觉，个性所不欲的部分可能被分离出来转移到某个对象的身上。因此，这里必须相互关联地既存在一个放置容纳物的容器，又存在一个可以被投射到容器中的容纳物。

什么是母亲的梦想力？

"比如，当母亲爱自己的孩子时，她是怎样表达这种爱的呢？如果撇开纯身体交流的方法不说，我会认为她通过梦想来表达自己的爱。"① 这种梦想在于把一种感官经验转变为一种心理的和情感的经验。这种转变必须通过不可一体化的原始容纳物的投射方式来实现，由他人、母亲和精神分析医生通过与自己梦想力联系在一起的代谢、排毒和加工进行处理的贝塔元素（éléments-bêta）使得再内投（ré-introjection）有了可能。然后，他质疑说："如果说梦想是婴儿爱与理解的需求供给的心理源泉的话，那么，什么是像消化道的消化能力使婴儿能够利用乳房和乳房带给他的乳汁那样，能够使婴儿利用梦想的心理感受器官呢？换句话说，如果我们假设阿尔法功能使小孩所支配是那些别无选择地只能以贝塔元素的形式排除出去的东西，那么，什么是与母亲的梦想力直接相关的这种功能的因子（facteur）呢？这里，母亲的梦想力被认为是与容纳物分不开的，因为，显然容纳物取决于母亲的梦想力。如果养育孩子的母亲没有能力分配给自己一个什么样的梦想，或者说如果给予她的梦想并不夹杂着对于孩子或父亲的爱的话，这个事实就会传达给婴儿，尽管这对于他来说还是无法理解的。心理素质会被传递到作为与孩子的联系的交流渠道。然后，一切都取决于母亲这种心理素质的性质以及它们对于婴儿心理素质的影响，因为这种影响对于伴侣和组成伴侣的个人的发展来说，都是一种通过阿尔法功能传递的很容易感受到的情感经验。"② 现在，我们有了一个对于母亲-婴儿，比翁也称之为"伴侣"，两者之间相互关系的样板式的表达，这个表达截然不同于"传统的"和片面的对象关系，这里尤其要指出构成联系的交流渠道、关于心理素质影响的概念和情

---

① 见 W. R. 比翁：《在经验之源》（*Aux sources de l'expérience*），1960，巴黎，法国大学出版社，2000，第 53 页。
② 同上书，第 53-54 页。

感经验传递的概念。这在精神分析思想史上是一个创新。比翁后来解释说，这种阿尔法母亲功能会渐渐地被婴儿内投，即存留在精神现象之中，成为阿尔法功能装置的一个部分。从现在起，我们研究婴儿的活动就会涉及容器/容纳物这样的方法，患者/精神分析医生的关系亦然。

这就是我们不会忘记的比翁对于对象-伴侣建构所作出的贡献。

亨利·迪克斯[1]与于尔格·威利[2]

通过"共谋"（collusion）概念的引入，两位作者对夫妻关系作了崭新的描述，他们认为无意识建构过程使得夫妻关系成为一种主体间的关系，具有系统性和很强的活力与生命力。

亨利·迪克斯：《夫权的压力》（1967）①

作为克莱因和费尔贝恩的继承者，亨利·迪克斯引入了"共谋"的概念。他把重点放在了主体借以在其伙伴身上选择某种能使他对自己自我压抑的东西也产生反应的方法的双重关系上面。但是，一旦一方精神装置内的冲突（conflit intrapsychique）[3]与它们给另一方造成的压抑产生共鸣，迪克斯认为，在投射与内投相互作用——投射认同的本质所在——下，同时使得这种有一定结构的共谋恢复了活力，这种

---

[1] 亨利·迪克斯（Henry Dicks，1900—1977），英国心理学家和精神分析学家。
[2] 于尔格·威利（Jurg Willi，1934—　），瑞士生理学家和精神分析学家。
① 见亨利·迪克斯：《夫权的压力》，伦敦，卢特里奇出版公司，1967。
[3] 此处系指超我与自我之间的冲突。

起初的诱惑后来就成为伙伴间出现危机的根源。值得注意的是，这里的共谋尤其利用了亨利·迪克斯称之为两个伙伴之间的"不确定投射"（projections flottantes）的东西：各自都在通过把"内在化了的坏对象"的各种不同面目投射给对方来寻求自我保护。

于尔格·威利：《伴侣关系》（1975），1982年法文版

于尔格·威利发展了迪克斯引入的共谋概念，把它作为一个能够从某些方面说明伴侣的无意识主体间重要性的中心概念。后来让·勒迈尔[1]使用了这个概念。"在对 H. 迪克斯完全信赖的同时，我把'共谋'称作伙伴在共同无意识（夫妻冲突中双方被潜抑的共同主题材）基础上的共同游戏。"①

威利认为，实际上，两个伙伴可能在分担一个没有解决的共同无意识的冲突的问题体系，这个问题体系是他们相互吸引的对象，因而也是他们"成对关系的错综交织"（accrochage dyadique），同时也是他们以后发生冲突的根源。它会表现出来，并且会努力通过伴侣之间分配互补（"进"或"退"）"防御"角色来解决。这样，伴侣每一方都会感到自己在防御系统中通过自己的伙伴得到了加强。但是，在共同生活一定时间以后，这种"消除问题的共谋企图"会由于受压抑方态度的改变（即无意识根蘖的重新）和某些已经转移（托付或赋行）到伙伴身上的面目又重新浮现于各自自我的表面而遭受失败。

---

[1] 让·勒迈尔（Jean Lemaire, 1927— ），法国心理学家和精神分析学家，伴侣和家庭方面的临床与社会学研究专家。

① 见 J. 威利：《伴侣关系》（*La relation de couple*），1975，巴黎，Delachaux & Niestlé 出版社，1982，第 58 页。

总之，它注意到夫妻的选择像是一种妥协形成，而夫妻冲突则是一种共同的神经症症状。

——"自恋癖共谋"具有两个伙伴之间相关联的特点，其中自恋一方对于另一方而言体现了他的自我理想，因而助长了他的伙伴在有缺陷的自我当中必须美化的自恋癖。两个伙伴都隐藏着一种对于完全共生的怀念，而这种共生也是他们爱情关系的向往。

——"口唇期共谋"总是围绕着被视为母-子关系的爱这个主题。爱就是给予照顾、关心、保护和衣食。这种关系的特点是，两个伙伴一方扮演母亲角色，另一方则扮演孩子角色。一方给予，一方接受。这是他们的基本公理。"孩子"促使伙伴为他保持关爱，"母亲"则促使另一方退回到需要帮助的状态。

——在"肛欲期共谋"中，他区分开了支配-被支配共谋、施虐-受虐共谋和嫉妒-背信共谋。这样，"主动方"意欲支配（自主性）和背信，因而抑制自己顺服、依存的欲望和分离的焦虑，把它们转移到伙伴身上。"被动方"意欲依存、顺服和羡慕，因而抑制自己自主的欲望和自我背信的幻觉，把它们转移到伙伴身上。

——"阴茎-俄狄浦斯共谋"表现在伴侣内部男性角色的扮演和两个伙伴在这方面的争夺方面。男性意欲以一种强有力的态度坚持，但会抑制自己女性被动的倾向，把这种倾向转移到伙伴身上。伙伴意欲接受女性被动的位置，但也会抑制自己男性的阴茎需求的渴望，把它转移到伙伴身上。

另外，俄狄浦斯情结存在于一切夫妻生活的建构之中，同时，它决定了夫妻的选择目标，而且，威利认为，俄狄浦斯冲突的不可解决尤其因为担心乱伦而会成为伴侣建构的一个障碍。

威利明确指出，他只是在讲述动力学的原理。他甚至认为，在一切夫妻关系中，作为伙伴的任何一方，无论是前进还是倒退，都会面临这个主题。然而，若是病理学上的关系，任何一方的伙伴角色都会表现出严厉和固化的防御性。

威利把共谋设计为两个伴侣之间无意识神经症的共同游戏或"共同无意识"，这是非常引人关注的理论设计，除此以外，他还向我们指出，在夫妻关系中，有些特别的行为得到了加强，有些则失去了其重要性，得到加强的行为决定了个性的新的面孔。同样，属于伴侣任何一方所特有的、或多或少重要的人际关系潜能并没有在伴侣当中表现出来，但是在其他方面表现出来了，如：主体的幻觉世界、家庭生活、职业生活、友情生活、最后尤其是休闲生活。

这就提出了一些基本的问题。在伴侣生活中，对于任何一个主体来说，究竟他心灵的哪些方面尤其被调动起来了？伴侣对于任何一方的无意识精神生活有哪些影响呢？依照所有的主体投注的关系场域，心理功能的不同类型与方式变化是怎样的呢？

让-乔治·勒迈尔

一次对于法国伴侣来说重要的历史性飞跃

勒迈尔注意到后来对于伴侣和法国伴侣治疗的发展有着重要意义的两股潮流的存在。

第一股潮流出现于两次大战以后。两次大战使得伴侣们长期分离。在这种令人痛苦的动荡不定的社会条件下，一些咨询会议相继出现，目的在于帮助重组这些被严重扰乱了的关系。事实上，在那个临床心理学尚不发展和精神分析学尚未大范围地运用的时期，这些会议只是由一些社会劳工和非专业人士积极组织，开展社会服务性活动的。但是，它们很快就走向正规，基本上是开展"夫妻关系咨询"活动。后来，随着精神分析学的不断发展，从事这些活动的大部分人都把他们的工作转向了对那些愿意接受精神分析的个人进行精神治疗的方法上来。由于缺乏方法学，他们往往放弃了对于伴侣整体的治疗措施，甚至放弃了新近发展起来的来自于群体治疗、系统治疗和群体分析治疗的理论-临床模式。对此，我们在后面还要加以评述。

第二股潮流源于伴侣治疗，是随着治疗心理教育中心（CMPP）的发展而出现的。其出发点是长期观察儿童的发展和不同治疗形式的结果，尤其是个体精神治疗的结果。对于像精神病患者这样的困难患者的精神治疗往往受到提出治疗的家庭的中止或阻挠，常常会受到孩子健康成长和心理自主发展等的干扰。因此，为了保护孩子和他的后续治疗，会采取一些不同的方式，比如，对母亲进行精神治疗。但首先说明这种平行治疗一直是单独进行的。这样，人们就懂得了某种形式的家庭痛苦的整体性和家庭群体的整体精神动力学，因为相互联系着的家庭成员相互作用并构成了一个系统。我们发现，父母复杂关系中争论的焦点往往是孩子，所以，研究和关注父母伴侣有着重要的意义。这样，他们的担心和对整个家庭痛苦的考虑使他们迈出了接受家庭和伴侣治疗的第一步，从而使得不同形式的理论和方法论开始有了重要的发展。

奠基之作与伴侣概念

让-勒迈尔的奠基之作，我们列举如下：《夫妻冲突》（*Les conflits*

conjugaux，1966）、《伴侣治疗》(*Les thérapies du couple*，1971）、《伴侣：生命与死亡》(*Le couple: sa vie, sa mort*，1979）、《家庭、爱情、精神病》(*Famille, amour, folie*，1989）、《伴侣话语》(*Les mots du couple*，1998）、《情欲与行为》(*Comment faire avec la passion*，2005）、《家庭中的无意识》(*L'inconscient dans la famille*，2007）（合著）。

勒迈尔于1961年创办"法国夫妻咨询中心协会"（AFCCC），于1963年创办《对话》(*Dialogue*）杂志，后来又于1979年创办了"伴侣与家庭治疗培训中心"（PSYFA）。

勒迈尔是在严格的主体间的意义上（无论是共时的还是历时的）根据一种精神分析和系统治疗的双重观点来探讨伴侣问题的。为了使配偶的选择、伴侣的各个历史阶段、夫妻的危机与冲突现象更易于理解，他重新使用了由威利发展了的共谋概念，并采用了弗洛伊德、克莱因和温尼科特的概念和观念，同样，他也受到了M.布韦所阐述的性成熟前对象关系的特点的影响。此外，他还利用了源于信息传递理论的概念，而信息传递理论本身是一种集中研究系统模式及其结构、功能和调整等原理的理论。最近，他还对语言的口语和非口语进行了语用学方面的研究。

就这样，他把伴侣构想成人类微型群体，它基于个体各自有意识和无意识的欲望和需求的相互作用以及强烈的矛盾情绪的相互投注，形成一个自动调节的结构系统。这个结构体由于结构的阶段与过程的相互交替——伙伴之间相互关系的解体与重组——而规律性地运动，同时产生了动力学性质的平衡。但是，他也把伴侣构想成一种伙伴之间投射与认同即投射与内投的交叉游戏，赋予了伴侣以稳定而持久的形式。

关于异性伴侣，他区分了爱情奇遇（短期伴侣）和所谓的夫妻伴侣（长期伴侣）。

在短期伴侣中，伙伴所期待的主要是力比多和/或自恋方面的快速而明显的满足。通过对象的寻觅、征服的快感和魅力的确认来追求快乐，这一点十分明显。一旦这方面的满足没有了，关系也就不存在了。

长期伴侣则具有明显或不明显的家庭计划。如果说对象应该同样带来力比多和自恋两方面的满足的话，除非他成为主体对于被他本人拒绝和抑制部分的防御机制的组成部分。因此，内化了的爱情对象被主体作为一种防御手段来使用。这样就形成了一种与对象更加紧密的和独占欲更加强烈的关系，因为防御机制就是建立在这种在一定程度上相互占有对方的基础之上的。

我们会再回过头来讲述勒迈尔在关于伴侣的"自然"历史一章里在伴侣的结构形态方面的重要贡献。所谓伴侣的结构形态，既指夫妻选择的不同类型，也指夫妻自然历史的起始和后来出现的危机现象。最后，我们会探讨他在关于治疗效果一章里的一些思想。

勒迈尔的现代法国工程

在法国，从20世纪60年代开始，后来在70年代，就有了关于伴侣精神分析基础的临床与理论方面的资料汇编。

这一基础工程第一手的理论依据是精神分析的观念，以及群体理论与实践。起初，在许多国家里，伴侣精神分析的基础还是建立在社会心理学的模式（如 K. 莱文）或宽泛的整个系统理论之上。最近，群体精神分析由于受到英国、德国和法国一些学校的鼓励，它的发展为人们带来了重要的概念性工具，使人们得以拉近了群体治疗、家庭治疗和伴侣治疗的距离。在对此作介绍之前，我们首先想到三位作者，他们是：C. 帕拉[1]、C. 大卫[2] 和 A. 鲁弗伊奥[3]。

卡特琳娜·帕拉

我们必须指出帕拉在1976年法语精神分析学家代表大会上所作的题为"性器官期俄狄浦斯情结的结构"的报告，这是一篇杰出的学术论文。如果说帕拉不是一位伴侣治疗师，如果说她的这一研究并非直接针对伴侣，那么，她尤其在情感分配和伴侣与"他人世界"之间每个主体的冲动投注分配方面，都给予我们极大的启发，这里，她还留有弗洛伊德的某些思想的痕迹。

下面是一个简略的介绍。

"相反，俄狄浦斯冲突一旦被超越，它所延续的正是我称之为俄狄浦斯情结结构的某种力比多结构模式。俄狄浦斯情结结构建立在直接来自于俄狄浦斯三角的力比多三角构造基础之上，它维持了对于两个区域的情感修复，这两个区域一个被异性对象占领着，另一个被装

---

[1] C. 帕拉（Catherine Parat, 1917—1980），法国女精神分析学家。主要著作有：《分享的情感》(*L'Affect partagé*) 和《无意识与圣事》(*L'inconscient et le sacré*)。

[2] C. 大卫（C. David, 1945—1980），英国神经系统学家与心理学家。他利用心理学、人工智能以及神经心理学的成果发展出视觉处理的新模型，被公认为计算神经学的创始人。

[3] A. 鲁弗伊奥（A. Ruffiot, 1927—2010），法国精神分析学家，国际家庭与伴侣精神分析协会主席，家庭和群体精神分析治疗的先驱者。

满了'伴侣之外的他人'。"①

实际上，帕拉认为，这种俄狄浦斯情结结构包含着一种三人系统里的双重关系：即异性关系和同性关系。假如说当然存在着相符的内在对象的话，那么，与实际对象的关系就永远包含着投射和内投的活动。

她向我们明确指出，与一个并非代替俄狄浦斯情结的伙伴建立起来的异性关系，组成和合成多种趋向：如由现实的和现实化的"生殖器情感"构成的生殖器趋向；由性冲动和生殖器冲动（这两种冲动在实现其目的时受到抑制，而在俄狄浦斯情结衰退时得到升华）最终形成的柔情趋向；可能表现出两个不同的方面即色情和自恋（根据性成熟前的倾向所借助的道路是否得到升华而定）的性成熟前趋向。

总体而言，这些趋向绝大部分产生于第一次生殖器冲动时发生的异性性爱关系，很小一部分产生于这同一时期的（潜伏期被压抑的）同性色情因素。

同性性关系涉及伴侣以外的"全体他人"。构成这种关系的情感除极小部分外，绝大部分都得到了升华。作者认为，认同因素十分重要，它们使得所有他人总体上能够被作为一个"相同的他人"来对待。总体而言，他们并无性别之分，在俄狄浦斯情结结构中扮演着第三者的角色，而且承受着一种复杂的投注。他们包括伴侣儿童、朋

---

① 见 C. 帕拉："性器官期俄狄浦斯情结的结构"（L'organisation œdipienne du stade génital），1967，载《精神分析学法语杂志》（Revue française de psychanalyse），巴黎，大学出版社，第 31 卷，1967 年 9—12 月，5—6 期，第 755 页。

友、近亲、竞争者和其他人,总而言之,包括整个社会。"基于其内在结构和起源的原因,我曾以为可以用同性恋的(homosexuel)这样一个名词派生词来对它加以修饰。"① 在真正的超我形成的同时,全体他人会汇聚成一种双重力比多趋向,包括:

——仇恨攻击趋向,这种趋向直接继承了俄狄浦斯仇恨,因为俄狄浦斯仇恨有助于在其失望的限制性外表下巩固现实的投注;

——认同趋向,包括超我的投射运动、同性恋情感(绝大部分得到升华)和在社会生活、职业生活和特种职业生活中找到发展和满足机会的、得到升华的性成熟前情感。构成社会的所有他人相对于伴侣而言并没有同样地被投注,因为这里也关系到一个活跃的、经常变化不定的平衡的问题。

这种俄狄浦斯情结结构与经常变化不定的平衡的情境相一致,它是由两种投注的具有生机活力的游戏的多种因素造成的结果,因为这两种投注既是这种俄狄浦斯情的构成因素,也是由生命的盛衰所决定了的变化的客体。俄狄浦斯情结有其脆弱的一面,这是它另外一种性质。实际上,对于这种平衡的任何干扰和破坏都会带来俄狄浦斯冲突的再现,这种再现可能是暂时的或持久的。同样,一种新的情境,对象情意丛的变动,尤其是新的对象投注都会重新激起和导致这种冲突。

"这些现象的出现,是一种易于复活的俄狄浦斯冲突核心具有的重要性所显现出来的结果。在生命过程中,这个核心似乎扮演着一

---

① 见 C. 帕拉:"性器官期俄狄浦斯情结的结构"(L'organisation œdipienne du stade génital, 1967),载《精神分析学法语杂志》(*Revue française de psychanalyse*),巴黎,法国大学出版社,第 31 卷,1967 年 9—12 月,5—6 期,第 746 页。

种集合点的角色，倒退的运动朝着它展开（内因或表面上的外因之源），从这个点出发，又开始了新的前进。"①

克里斯蒂安·大卫与《爱情的状态》②（1971）

与自恋的满足相比，爱情状态冲破了自我的界限。大卫强调爱情自发奉献的价值，爱情中实现的合成，唤醒生命活力的创造性部分的更新与创造的力量。爱情的场域是真情的创造空间。

安德烈·鲁弗伊奥

这位作者是法国家庭与伴侣精神分析的先驱者之一。他早期的作品有：《伴侣的天性》（1975）、《M. 克莱因与伴侣》（1974）、《夫妻自我》（1975）。我们会在后面的章节里介绍他的一些重要的观点，这些观点表述于一部集体撰写的书名为《伴侣的精神分析疗法》的著作里。

法国的伴侣精神分析及其效果

在对象-伴侣的建设史上，姿态各异的群体精神分析模式的突然出现是方法论革新的一个典型。实际上，自从爱情生活精神分析方法在其冲动、幻想、情感及"对象关系"诸方面开始运用以来，

---

① 见 C. 帕拉："性器官期俄狄浦斯情结的结构"（L'organisation œdipienne du stade génital, 1967），载《精神分析学法语杂志》（Revue française de psychanalyse），巴黎，大学出版社，第 31 卷，1967 年 9—12 月，5—6 期，第 747 页。
② 见 C. 大卫：《爱情的状态》，巴黎，Payot 出版社，Payot 小丛书，1971。

我们就已经朝着主体间的和相互关系间的重要性方面演变了，从温尼科特和比翁开创的母亲-婴儿和患者-分析师关系模式开始，这种重要性已经被认识到了。后来，迪克斯引进了共谋概念，威利又加以发展，最后勒迈尔使之理论化，我们最终认识到了伴侣的双重意义，它是主体间的，尤其是防御的和系统治疗的。因此，我认为，这种群体模式会为我们提供一个前所未闻的关于伴侣及其心理现实的复现表象，甚至会奠定另外一种关于夫妻群体精神分析治疗技术的基础。

在阿根廷

E. 皮雄-里维埃[1]（1965）曾认为群体带有分析社会心理学的标记。让泽-布莱热[2]（1967；1970）认为社会性的两种形式是相互作用的，从而确立了其混合概念的基本区分。

在英国

20 世纪 40 年代初期，S. H. 福尔克斯[3]、J. 里克曼[4]和 H. 埃兹里耶尔[5]在伦敦奠定了群体-分析学的理论基础。广义上讲，群体-分析学是一种对于在一个群体内展开的心理形式和心理过程的研究方法；这种方法的概念和技术是以理论的某些基本前提条件、精神分析的方法以及作为特殊实体来认识群体所需要的精神分析的原始设计为基础的。狭义上讲，群体分析是一种群体精神疗法技

---

[1] E. 皮雄-里维埃（E. Pichon-Rivière, 1907—1977），阿根廷裔瑞士籍精神分析学家。
[2] J. 布莱热（J. Bleger, 1923—1972），阿根廷心理学家和精神分析学家。
[3] S. H. 福尔克斯（S. H. Foulkes, 1898—1976），德国医生和精神分析学家。
[4] J. 里克曼（J. Rickman, 1891—1951），英国精神分析学家。
[5] H. 埃兹里耶尔（H. Ezriel），英国当代精神分析学家。

术，一种群体无意识境况精神分析的经验措施。在同一个医院里，关于群体的构成及其过程，比翁则提出了不同于福尔克斯的另外一种原始观点。

在法国

从20世纪60年代中期起，D. 安齐厄[1]、A. 贝雅拉诺[2]、J. -B. 蓬塔利[3]和后来的R. 卡伊斯[4]提出了另外一种群体精神分析的方法，批判把个人治疗的方法直接用于群体治疗的精神分析的观点。

让-贝特朗·蓬塔利与"作为对象的小群体"①（1963）

蓬塔利认为，在个人精神现象里，群体会作为一种幻觉在活动。他还原了群体作为精神对象、冲动投注和对于主体的无意识复现表象的本来意义。卡伊斯认为，这一研究是法国群体精神分析的一个"转折点"。

迪蒂埃·安齐厄，梦的模式（1966）及其著作《群体与无意识》②（1975）

就像梦一样，群体是实现无意识欲望的一种手段。因此，迪蒂

---

[1] D. 安齐厄（D. Anzieu，1923—1999），法国精神分析学家，南特大学精神分析学教授。
[2] A. 贝雅拉诺（A. Bejarano，）法国当代精神分析学家。
[3] J. -B. 蓬塔利（J. -B. Pontalis，?—2013）法国哲学家、作家和精神分析学家。
[4] R. 卡伊斯（R. Kaës）法国当代精神分析学家，心理学和临床精神病理学专家。
① J. -B. 蓬塔利："作为对象的小群体"（1963），《弗洛伊德之后》（*Après Freud*），巴黎，Gallimard出版社，1993。
② D. 安齐厄：《群体与无意识》，巴黎，Dunod出版社，1973。

埃·安齐厄提出了一个明白易懂的群体模式，把它作为一个其内部发生无意识过程的实体。这与比翁和福尔克斯方法很相似，但只是基于梦的模式。

在沿用比翁的方法中，他认为群体是依靠他倾向于保持分离状态的幻觉活动水平和职能群体水平来运行的。实际上，群体成员聚在一起是为了实现共同的任务。但是，人类间的一切联系都可能是达成妥协形式（如思想体系、神话和卡伊斯又主张的幻想等）的成员之间幻觉传递的结果。在幻觉方面，群体自认为是一个借助生物学隐喻的有生命的活体，每一个参加者都相互承认是这个活体的成员。大家都会有一种在这个有生命的组织中找到自己一席之地的"群体自我"的欲望。

安齐厄发现五种群体无意识精神形成体（organisateur psychique）。

—— 个体幻觉，结合 A. 密斯纳尔[1]（1971）所描述的后来安齐厄也沿用的幻觉共鸣现象，被认为是"某些群体参与者围绕他们当中的某一个人的重新组合，因为这个人通过自己的行为、存在方式或话语让人看到或听到他的某种无意识个体幻觉。这种重新组合意味着利益、共性、共鸣和相互间的刺激"。① 这样，幻觉创导者就成为群体自我（moi groupal）的主张者，但归根到底，他还是源于儿童和母亲之间的二元共生关系。

—— 意象（imago）、原始幻觉、俄狄浦斯情结，它们被认为是

---

[1] A. 密斯纳尔（Andre Missenard，1901—1989），法国生理学家和精神病理学家。
① D. 安齐厄：《群体与无意识》，巴黎，Dunod 出版社，1973，第 182 页。

元形成体（méta-organisateur），还有群体装置的体像和心理表象。这样，带领者、群体、意识形态就会在成员的心理机构中取代同一种心理区分[1]，而且，它们另外具有限制成员之间出现无意识心理过程的职能。在群体装置中，占主导地位的心理区分就会成为一种表象（带领者，意识形态）。

另外，群体幻觉生活来自于群体装置所特有的三种精神运作原则：

—— 个体和群体的不分化原则；

—— 相对于心理和社会的现实而言，群体自给自足的原则；

—— 群体内部与外部的界限原则。

安齐厄认为，思维和行为方式，以及对于现实的感知，都渗透进了普遍的个体幻觉，这些个体幻觉来自于群体的某些成员，会在其他成员当中产生感染或抵制现象。这样，共同的幻觉及其统一的加工就会产生一种意识形态，一种特别的具有明确定义的神话。

勒内·卡伊斯（2007；2009）

群体精神分析法使他得以在这一现实研究中划分出三个逻辑层：群体逻辑层、构成群体的各主体间的关系逻辑层以及特殊性意义上的各个主体的逻辑层。卡伊斯认为，群体经验从本质上来说是这三个空间（群体、主体间关系和心理机构内空间）之间的装置或装配经验。正是为了研究这些关系，他于20世纪60年代末提出了群体心理机构模式，来说明这三个空间及其结合关系。这样，他使人们

---

[1] 系指"本我、自我和超我"。

对于精神分析的认识扩展到了每个空间的"精神一致性"（consistance psychique），扩展到了它们结合与分离过程和形成中的"精神一致性"。

另外，诸多观念和概念对它思考这些复杂的关系也起到了帮助作用，其中有：内在群体观念和精神群体性概念、承载功能（fonctions phoriques）、共同与分享的梦境空间，尤其是无意识组合（alliance inconsciente）与主体间性的职能（trvail de l'intersubjectivité）。

内在群体（初级的和中级的）是存在于我们自身之中的群体，"我们就是群体"。尤其是初级群体，可能包含了错综复杂的同一化、自我的群体结构、对象关系群体、俄狄浦斯情结与兄弟间情结以及体像等。**精神群体性**是心理物质的普遍属性，由于受到生命与死亡冲动情绪和压抑或压抑以外的机制的影响，这种属性是"对精神对象进行组合、分割和整理，依据组合变化的法则，通过分离、否认或抛弃的方法使它们成为协调一致的组合体"。这种群体性使我们成为了"多数的单数主体"。

这种内在群体性的概念为我们回答"主体如何聚合在一起？"这个问题提供了重要的因素。实际上，内在群体如同与社会文化形成体相结合的群体精神形成体一样在运转。这样，每一个群体都以成双的占主导地位的精神与社会文化形成体为特点表现出来，群体的同一性和成员之间的认同从这些形成体开始形成时就确定下来了。

因此，卡伊斯考虑到了这两类形成体在群体装置的精神现象装配过程中的转化，也考虑到了某些心理作用所必需的要求和许多整体的装配过程与装配方式。

他同时也引用了**承载功能**的概念。据他所观察，实际上，某些主体无论在群体，还是在各个主体的精神空间与成员共享的（伴侣、群体、家庭、机构）精神空间之间的中间地带，都发挥着像关节一样的中间作用。这些代表主体的人尽职守责，他们是话语权、征象、理想等的携载者。那么，主体在履行职能时，什么东西是属于他自己的呢？群体过程又给他确定了什么具体的职能呢？

于是，卡伊斯把许多共性的东西认同为这样一些功能，如：委派功能、代表功能、传达功能；诸如举止行为、符号化、象征化等亦然。

那么，何为无意识组合呢？他所谓的无意识组合系指"由联系在一起的众主体建立起来的间主观心理组织，这些主体联系起来是为了使他们中的每一个成员都能得到加强，并能在这种联系的基础上布置他们所需要的自恋和对象的投注，建立他们由于压抑或对外部现实的拒绝、放弃和否认所必需的心理功能与结构。对于每一个成员主体来说，这种无意识组合的形成使他们之间的联系具有了决定性的精神意义。这样联系在一起的整体（群体、家庭、伴侣）符合其组合的精神现实和成员主体间订立的并由于自己在整体中的位置而必须遵守的契约与条约的精神现实"。[①]

但是，无意识组合还有另外一个关系到参与组合的每一个主体的特性。它们要求每一个主体都必须服从和履行义务，当然它们也给予每一个主体以好处。但尤其要指出的是，部分无意识和每个主体的部分心理现实是由无意识组合造成的。

---

① 《群体与无意识》，第192页。

卡伊斯把它们分为三种类型：结构型组合、防御型组合和进攻型组合。

结构型无意识组合有助于精神现象的构成，比如：父子之间（象征性的）和兄弟之间订立的俄狄浦斯条约、相互放弃直接实现破坏性冲动目的的契约（走向权利共同体的条件）、自恋契约与条约；防御型组合尤其包含否定性条约，也包含那些使人精神异常的病理学上的偏离方向，其中有拒绝承认外部现实的共同责任和性欲倒错契约；进攻型组合缔结群体协定的目的是为了进行打击，取得战绩或施行霸权。对此，我们在后面的章节里还会再作论述。

无意识组合与承载功能这两个概念尤其说明了主体与主体间的双重诱发力和元心理学的双重从属关系。我们可以根据主体间的场所论、经济学与动力学的语词来对它们加以理解。

此外，卡伊斯还提到，由于主体的间主观情境的必然性，间主体性会把某种精神效果强加于精神现象。他因此而认为，**主体间性的职能**的概念就是指"某个或多个他人在无意识主体的精神现象中的无意识精神效果"。

因此，联系的精神空间和各个整体的空间都是无意识的其他地方，而且，在他看来，群体情境下的精神分析效果改变了无意识精神冲突的传统概念。实际上，伴随着源于幼儿性心理学的（因此也是神经症的）心理机构内的冲突，还存在着一种主体与其精神现象之间的无意识冲突，这种精神现象系由某个（或多个）他人掌控或置于他（或他们）自身之上。这是确切无疑的，但一些境界例的研究显示，同样还存在着另外一种无意识冲突，即自我与其对象之间的冲突。

第二章　一些历史的标记或认识和心理治疗对象的建构

我认为，卡伊斯的研究在理论上的贡献是十分重要的，对于我们从元心理学的角度来理解伴侣尤为珍贵。

关于现代法语中的若干概念

伴侣的现代精神分析学者是怎样使用这些由群体分析学者精心打造的基本知识和概念呢？我在此有选择地先来介绍 J.-P. 卡约[1]、G. 德谢尔夫[2]、A. 埃吉耶[3] 和 A. 吕费尧[4] 等人的观点，最后加入我自己的看法。

J.-P. 卡约和 G. 德谢尔夫的《伴侣和家庭的精神分析》①

他们重新使用了群体性和对象-群体这样的概念，而且从对象-群体出发，明确指出对象-家庭即作为对象的家庭幻觉的存在，就冲动的相关关系一方而言，对象-家庭是对象-群体的典型形式。对象-伴侣也许是具有想象中的共同躯体和共同精神现象的伴侣的统一表象。两位作者都认为，伴侣功能的特点是它作为对象被投注，它关系到内在对象或外在对象。伴侣心理机构通过幻觉共振检测在它们有机结合的同时会成为个体心理机构。而且，这种结合在共同的幻觉空间

---

[1]　让-皮埃尔·卡约（Jean-Pierre Caillot），法国当代精神分析学家。
[2]　热拉尔·德谢尔夫（Gérard Decherf），法国当代心理学医生，精神分析学家。
[3]　A. 埃吉耶（Albert Eiguer），法国当代精神病科医生，精神分析学家，国际家庭精神分析治疗学会主席。
[4]　A. 吕费尧（André Ruffiot），法国当代精神分析学家。
①　J.-P. 卡约、G. 德谢尔夫《伴侣和家庭的精神分析》（*Psychanalise du couple et de la famille*），巴黎，Apsygée 出版社，1989。

里被确立并得到发展,这个空间在作为外在对象的伴侣和两个成员的内在对象-伴侣之间是中间性的。正是在这个空间里,共同的超我和理想将会生成和转化。此外,他们还采用了在家庭和夫妻的临床治疗中值得关注的概念,尤其是反对家庭的伴侣概念和反对伴侣的家庭概念。

阿尔贝·埃吉耶:《伴侣精神分析治疗》(1984);《伴侣精神分析临床症状》(1998)

这位作者认为,伴侣使两种关系即对象的自恋关系和力比多关系结合在了一起,而且,两种"力量"使得夫妻冲突必然会产生:即亲近的焦虑和最终导致否认夫妻的特殊性和相异性的两种自恋之间的冲突。

他对于伴侣的"永久结构"概念作了界定,由群体诉求之间的无意识冲突形态和集体幻觉的特殊形态来表述;而就结构本身而言,是从经济学、动力学、场所论和遗传学的角度进行界定的。他借无意识心理构成(organisateur psychique)的概念用于伴侣,意在给予伴侣以凝聚力的那些机制。据他所观察,在无意识夫妻生活中有三种机制,并注意到每一种机制如何通过其三个构成因素(夫妻间的从属情感、夫妻间的心理位置、夫妻间的自我理想)使每一种类型,即**对象选择型和夫妻自我型**的伴侣都具有了一定的结构形式;实际上,伴侣是在时空延续当中,把他们的自恋关系构建在这种被定义为由伴侣双方分担的复现表象的组织心理区分(instance organisatrice)上面;这同迪克斯引进的(1967)后来又先后被威利和勒迈尔发展了的"幻觉共谋"概念中的互生幻觉(interfantasmatisation)很接近。夫妻自我的不同构成因素就可能是这种间幻觉的反映，好像是夫妻间相互的系统参照和由此而产生的神话创作。这种互生幻觉在约定爱情关系时特别强烈，对于伴侣类型的构建具有决定性的作用，并且会成为今后冲突方式的根源。它是每一个伴侣的无意识个人幻觉的会合点。

根据这三种构成因素及其变化形式，他确定了四种伴侣形式：正常或神经症的、心理依赖或抑郁的、幻觉性的、性欲倒错的。

最后，他对于世代传承现象的存在和从我们的祖先开始世代传承的复现表象得以在伴侣当中流传的各种形态提出了质疑。

安德烈·鲁弗伊奥[1]（1984）

鲁弗伊奥认为，心理上的二人组合似乎具备超个人精神现象的全部特性，具有专门的场所论、动力学和完全特殊的经济学。

—— 在场所论方面，对象-伴侣会履行一种心理区分[1]的职责，这种职责是极具领域性的，是一种超越个体的精神现象，在这当中，主体-伴侣不能有别于对象-伴侣。

—— 二人组合动力学的特点是各种不同的冲突，如：触及界限和伴侣与"外部世界"的关系的冲突，以及伴侣内部固有的"相互自恋的对抗"和性别差异的冲突。

—— 二人组合经济学的特点是，心理能量的交换和调节保证伴侣关系的持久性；特殊的经济系统允许个体本我（ça）的共同存在和自

---

① A. 鲁弗伊奥："伴侣与爱情，从初始到组成家庭"，见 A. 埃吉耶主编的《伴侣的精神分析心理疗法》（*La thérapie psychanalytique du couple*, Paris, Bordas, 1984）一书，第 85-145 页。

[1] 即本我、自我和超我。

我（moi）的不断再现。当然，可能存在一些相互投注的对象和另外一些分别投注的对象。

在鲁弗伊奥看来，爱情应该属于一种类似于本能的能力。他发现这两种能力具有共同的特点。这样，爱情的效果就在于把肉体的感受和他人的肉体都纳入自己的精神现象中，还在于把两个不同的肉体纳入一种争斗的、但在其进行中则是统一的精神现象中。

他认为，群体性在于人类群体的基础，而无意识群体幻觉性在于爱情的核心。实际上，在俄狄浦斯附带含义和对于母亲及其创造权的认同之外，爱情的欲望也包含着一种生产的幻想。爱情的幻觉包括着对于家庭的幻觉。婚姻是通过群体形式把一直隐秘的性交换向社会公开并使之合法化，这样通过纳入社会群体之中强调了伴侣的欲望。

最后，他论及夫妻危机的问题。如果说爱情现象是"精神病的正常原型"的话，那么，夫妻危机则在二人组合中建立起一种心理机能，这种机能具有一切精神病的潜在能力，具有否认外部现实的各种机制，即好对象/坏对象、好自我/坏自我的分裂，伴随这些机制的还有伴侣内化了的类妄想狂的实际经验，这种经验作为会危及个人品行的自我的一个部分被感知。这样，爱情对象就可能会变成一个内在的虐待者。

伴侣人格概念的雏形

我们认为，伴侣属于一种在各种各样变化不定的相互关系中合成的有生命的现实，包括肉体-性现实、社会文化现实和心理现实。这种现实的表现具有极其复杂的时间性，这是由它们自身的时间性的交错所造成的。

其**肉体-性现实**包括两个人及其具有性特征的肉体，同时也包括"生活在一起具有言明或不言明生殖计划（亦即参与保存人类的宏伟计划）的两个身心组织（organisation psychosomatique）"。因此，它是一种生殖的生物依存关系。这两个具有性特征的肉体和"身心组织"按照各种各样言语的和非言语的感觉形式（含蓄的表情动作、行为、幻觉和性）相互联系在一起。面对另外一个肉体，他们相互有投注的冲动（自恋、色情、温情和攻击）；有复现表象（意识、前意识和无意识）；有投射和认同的情绪，各自在心理上进入两性状态，进入"心理-肉体的结合"（couplage psychocorporel），或者说进入"心理-肉体结合的幻想"。在这方面，我赞同鲁弗伊奥关于"爱情效果"的观念，即爱情的效果在于把肉体的感受和他人的肉体都纳入自己的精神现象中，而这个他人是把两个不同的肉体纳入一种战斗的、但在进行中则是统一的精神现象的参与者。

就性行为而言，它实现了"想象中共同肉体（corp commun imaginaire）的群体幻想，这种共同肉体是完成双性恋幻想的两性无意识幻觉肉体。此外，性行为在实现了自恋依存关系中的退化欲望的同时，给予两人以一种自恋的完整状态。

其**社会文化现实**的特点是两个个体的介入，他们共同生活，构成一个系统的生产与合作、社会再生产与生儿育女的社会单位。他们属于一个社会群体，在社会结构中占有位置并担任着角色，发挥着作用。

他们的伴侣关系可以通过婚姻和其他社会承认的形式固定下来。

安齐厄和比翁提出与"幻觉伴侣"（couple fantasmatique）有着相互关系的"职能伴侣"（couple de travail），给我们极大的启发，我们在后面会论及它的功能与生产。

最后，其**心理现实**的基本构成保证了它的"心理一致性"，按照卡伊斯的说法，这种心理一致性主要是由这样一些因素构成的：多种多样的旺盛的精力冲突、冲动的投注情绪、欲望的幻想、对象和对象关系模式、认同和投射的交叉机能、意象、性成熟前和俄狄浦斯焦虑以及在夫妻二人组合的构建和运转中各种各样的防御机制。

卡伊斯的珍贵贡献给予我们极大的启发，我们也从三个逻辑层次来研究夫妻的心理现实：通过其特殊的构成和构成形式来研究群体层次（即由其成员参与的共同心理现实）；通过其对象关系易变的形态和层次、无意识组合（组织结构型、防御型——见攻击型）、承载功能，尤其是俄狄浦斯情结关系和兄妹情结关系来研究间主观关系；通过其自身的自我-内在爱情对象（即克莱因所说的"对象-创伤"）、自恋-对象性、自我-本我等的冲突，通过其两个特有的精神对象即爱情对象和伴侣对象以及群体-伴侣中和心理空间的类似与差异之间的紧张关系来研究个体-精神装置内的层次。

第三章
关于伴侣的若干基本心理构成因素

伴侣中呈现出的起积极作用的心理构成因素多种多样，我们仅根据一些作者的观点，选择若干我们认为对于研究这种间主观群体现实更具有特别意义的因素来加以介绍，如同一性（identité）、性冲动（sexuel）与情欲链（chaîne érotique）、自恋、冲动与情感的二重性、明显进入角色的伴侣各自性成熟前的状况、羡慕与嫉妒、俄狄浦斯情结与兄妹情结、幻想的生活、投射与认同、融合与共生状态、伴侣中的移情、对象关系的变化模式等。

认同性

我们来看米歇尔·德·米乍恩[1]的原始方法，他在其《在同一性

---

[1] 米歇尔·德·米乍恩（Michel de M'Uzan），法国当代精神分析学家，心身医学研究所合作创办人。主要著作有：《在同一性的边缘》（*Aux Confins de l'Identité*）、

的边缘》(2005)一书中向我们提出若干新颖的概念，这些概念有助于我们展开来研究伴侣成员的认同性问题，我要特别提及的有：**同一性错觉**（*spectre d'identité*）、"认同性的两个级别"（les deux filières de l'identitaire）、**妄想痴呆孪生儿**（*jumeau paraphrénique*）、**精神幻想**（*chimère psychologique*）和"基本认同力"（le tonus identitaire de base）。

同一性错觉

首先，他不承认自我（moi）和非我（non-moi）之间存在着明确的、固定的和永久的界限，他认为它们之间有一个中间区域，他称之为**同一性错觉**，这样，"同一性错觉"这个概念在同一性情感方面就有一定的模糊性。然而，它使我们得以根据各种复现表象的自恋投注的转移来对"认同性"（l'identitaire）作具体界定，而且，这个概念所包含的是一种延续性，而不是一种明显的差异，因此在性质上就避免了把主体的复现表象与对象的复现表象明显区分开来的思想。他这样写道："因此，在这个区域里面，沿着这种错觉的边缘，从由主体自身占领的内极（pôle interne）到与他人的象完全一致的外极（pôle externe），根据自恋力比多的转移情况，**我、自我-我**有时具有既最内在又最外在的性质。"[①]

《无意识的嘴》(*La Bouche de l'Inconscient*)、《和陌生人对话》(*Parler avec L'étranger*) 等。

① 见米歇尔·德·米乍恩（Michel de M'Uzan）：《在同一性的边缘》(*Aux Confins de l'Identité*)，巴黎，伽利玛出版社，2005，第 18 页。

认同的解除与建构的两个级别，陈旧的自己与妄想痴呆症孪生儿

这两个级别一个是力比多的、性冲动的，另一个是自我保护的、非性冲动的。它们即便经历了暂时的差异，但还是在冲突的运动状态中共同发展。

力比多级别是在与非我的对抗状态中从最初的对象出发而发展的。作者认为，自恋情感属于力比多级别，这如同我们在后面将要论述的一样，是与贝拉·格兰贝热[1]的思想截然相反的；他在这里根据自恋和对象投注的宿命作了"经济学"方面的参照。

认同的第二个级别即自我保护的级别是从人自身出发来定位和发展的，因而是以"自身繁衍"（auto-engendrement）的方式来进行的。陈旧的自己基于与非我的对抗，在迈向接受一种他特有的认同之前，就应该首先有别于他自身；他自身作为一个实体（entité），被称作"原始人"、"概念混合模糊不清的实体"和"由大量只服从于惟一的卸载原则的巨能穿越过的地方"，在这个实体当中，作为决定性介入的分裂最终将会创造一个复体（un double），即"真实的孪生儿"，表现**"人化效果"**（travail de personnation），对于这个复体，人们只是在后来的人格解体（dépersonnalisation）的经验中才能够特别地加以接受。"**妄想痴呆孪生儿并不是一个过渡对象，而是一个过渡主体**。他是一个精神实体（être psychique），从他那些在整个个体经历中消失的记忆痕迹当中既可以归纳出他的位置，又可以归纳出他的原始状态。确实，那些消失的记忆痕迹不像力比多发育性成熟前期

---

[1] 贝拉·格兰贝热（Béla Grunberger，1903—2005），匈裔法国当代精神分析学家。

的痕迹那么明显,但是,在复体形象突然出现的时候,它们很容易在其不断回忆的复现表象中被发现。"①

这种自我保护的级别由于自我保护的冲动而充满活力,米乍恩把这种自我保护的能量——没有基本感观属性,没有力比多关系,也不具病理学性质,而是为组织功能服务——解释为"现实"能量。然而,自我保护的级别会走向堕落,向无秩序的功能形态演变,这种现象在他按照"现实精神病"重新组织的某些最严重的精神生理病变者(somatose)中是可以观察到的。至于"现实精神症"当中所谓的现实能量可能是力比多降级所造成的。在造成这种成倍降级的诸多原因中,米乍恩提及真实的、不可加工的(inélaborable)创伤性攻击,特别是冲动的量与力,他认为是量变因素。自我保护的冲动如果不顾及他人是不能继续发挥作用的。

这两个级别之间的关系在不断发展,而且随着时间的推移变得越来越复杂。

精神幻想

德·米乍恩认为,移情不仅仅是由于临床神经症的反复而引起的,也与一种原始活动即**精神幻想**有关,精神幻想是接受精神分析治疗者和精神分析医生之间的无意识相互作用的产物,它会让配合患者心理过程的精神分析医生产生一些"反常的思想",这些思想是在表示努力实现前意识和无意识临界线的反常系统的活动。有时候在一些治疗当中,它们会以一些奇怪的、逃跑的、多形的复现表象形式意外

---

① 见米歇尔·德·米乍恩(Michel de M'Uzan):《在同一性的边缘》(*Aux Confins de L'Identité*),巴黎,伽利玛出版社,2005,第 21-22 页。

地突然出现在精神分析医生的思想里，这些复现表象往往是虚构的，具有很强的幻觉性质，但是，有时候是语言性的。它们会在轻松的人格解体背景下选择倒退的时候发展。

认同的基本活力

认同的基本活力系指使主体能够完整而独特地生存的东西。因此，德·米乍恩认为，在一个认同的基本活力有效的机构里，毒物癖者所经受的是一种从根本上来说最重要的缺乏的痛苦，他因此而深深陷入可观的经济债务的困境之中，这样，他就必须要求外部的援助。

米乍恩提出的大量新颖的概念要求我们必须对夫妻伴侣中的所有主体间或心理间结合的心理条件进行思考，尤其要从认同的两个级别和同一性错觉概念出发来进行思考。妄想痴呆症孪生儿是否会通过伴侣一方再活化和形象化，成为一个复体形态呢？

在伴侣冲动功能结构方面，除了情欲与破坏欲的结合-分离活动和自恋与性欲的投注活动以外，我们能否认为还存在一种附带现实能量呢？比如伴侣双方自我保护的冲动能量，还有为了生存（自然与社会的）而与其他冲突性伴侣树立对抗关系的伴侣能量。

性、性行为与情欲链

在格林[1]看来，性在由生殖功能与索求性带给人的快感之间的差

---

[1] 安德烈·格林（André Green，1927—2012），埃及裔法国精神分析学家，主要著作有：《生死自恋癖》（*Narcissisme de vie, narcissisme de mort*）、《阉割情结》（*Le complexe de castration*）和《情欲链》（*Les chaines d'Eros*）等。

异来界定的同时，也确定了生物学上的性行为与心理学上的性行为之间的基本差异。"**这正是把性行为与精神分析中构成性的基础的快感联系在一起的一个纽带。**"[1] 但是，性之特别还在于它是一个由兴奋到满足的运动过程。

然而，他也在思考，如果说弗洛伊德在性行为当中找到了精神生活的参照对象的话，那不只是因为性生活对于男人来说与快感密切相连，而且尤其因为它具有一种贯穿功能，它不仅贯穿个体，而且贯穿了由它联系起来的世世代代。

此外，这种重要的人类性行为现象是性冲动永恒的推力，用温尼科特的话来说，这种推力使性行为成为"创造性加工"的重要因素，他认为，这在人类心理现象中是独一无二的。

"性行为与爱情是复现表象的基本源泉，因为这个源泉里有着它们不完整的满足和对象承诺的新的缺失。我们会在弗洛伊德所谓的欲望的复现表象中找到它们的接合点。"[2]

快感-痛感原则存在于性行为表现的"幽灵"之中，而性行为则介于表现为快感原则的现实原则和快感原则受挫这两者之间；就现实原则而言，它经修改而用来保持和维护快感，同时避免某些危险；而快感原则受挫系指在罪恶的性行为时的性表现，其突出的特点是急迫的需求、抑制不住的压力和没有欲望。

因此，格林主张根据精神分析的观点来认识性行为，它好像是一个按照"组织系列"而展开的"情欲链"，包括：冲动与冲动变

---

[1] 见安德烈·格林：《情欲链》(*Les chaines d'Eros*)，Paris，Odile Jacob 出版社，1997，第271页。
[2] 同上书，第159页。

化；快感状态与与其相应关系的另一方——痛感；以期待和（由无意识与有意识的复现表象所滋生的）索求状态表现出来的欲望；构成实现欲望情境的（无意识或有意识的）幻想；对自我或对象的专注、对爱（对父母的爱、情人间的爱、朋友间的爱、人类的爱、上帝的爱等等）的变异体和衍生物的衍射以及享受和升华。

格林明确指出，这条链在其展现过程中会与其他一些链相交叉，它们当中包括不同类型的复现表象链和否定效果链，其种类繁多，毋庸置疑，足以证明"情欲链"这种修饰的合理性，它实际上具有双重意义：它束缚了主体自由，迫使他服从于自己的情欲；另外，它把主体的肉体与其对象和通过性交来继续完成的目的连接在了一起。

自恋及其不同的方式

我们现在来看贝拉·格兰贝热和安德烈·格林的观点，这些观点虽然不同，但都很重要。

贝拉·格兰贝热

"人类寻求不断反复的实际经验就是自己出生前的那段短暂经历（séjour），自己被以一种创伤性的方式驱离那个境地，所以一直锲而不舍地想把它重新找回来，这是人类的本性，也是我们对于自恋癖进行推论的基础。"[1]

---

[1] 见 B. 格兰贝热:《自恋癖》(*Le narcissisme*), 1971, 巴黎, Payot & Rivages 出版社, Payot 小丛书, 1993, 第 25 页。

格兰贝热坚持认为存在一种"出生前的欣悦状态",它是形形色色的自恋的根源。任何一个主体都会保留一种对于出生前经历的最终模仿,这种模仿为他提供了自恋特性自我建构的母体,这些特性以后表现为各种各样的状态和情感,如:单一性情感、恋己、全能、不灭、全知、不受伤害、人身自由等等。但他注意到,所有这些特性同时也都是神的特性。

新生儿来到这个世界以后经受一种双重创伤:他的欣悦世界受到极度干扰,他必须在对象的冲动的基础上重新构建自己的心理结构体系,这就造成了冲动与自恋之间的永久性冲突,同时也使自恋(通过自恋理想)与自我(及其自我保护的利益)之间存在一种引起冲突的情境。新生儿由于生活在自己自恋的全能幻想当中,他不可避免地会与造成这种幻想破灭和带来极度创伤的现实发生碰撞。这时,他会作出双重的动作反应:抑制并企图收回这种全能,或通过把这种全能给予父母——通过冲动状态或"自恋联盟"(union narcissique)实现与父母的同一性,然后再竭尽自恋力比多之全能给予被理想化、甚至神化了的父母意象来重建自恋。然而,这种总是难以消除的自恋创伤必然会带来各种各样的自恋防御反应。因此,他认为一切文明表现都只不过是人类旨在重建这种自恋的不同企图的一种习作而已。精神分析治疗也许就是一种自恋防御,无异于一种意识形态,一种宗教或一种神秘学。"自恋联盟"源于主体/对象的混淆,它借助于胎儿与其母亲固有的混淆,这属于另外一种途径。但无论在主体与其知己(alter ego)之间、患者与精神分析医生之间,还是在两个伴侣之间,我们都会看到这种现象。在格兰贝热的思想里,伴侣也是一种自恋防御。

第三章　关于伴侣的若干基本心理构成因素

　　冲动活力的表现千姿百态，都是基于自恋的因素并服从它的管理。它既是一种自恋行为的表达，也是一种自恋行为的方法。自恋与冲动成熟只能慢慢地合成。在每个阶段，每个冲动意念都得到自恋方面的投注，每次"自恋激情都是被作为生物介质的冲动给扑灭的"。

　　在冲动的满足和自恋投注之间可能存在一种平行的关系。实际上，冲动的每次满足都会有两个方面：一方面是本来意义上的冲动满足，它是由消除了紧张的行为所形成的；另外一个方面是这样的行为的自恋投注，它参照了已经完成的满足了主体自尊心的行为的有效性。

　　主体的自恋好像是在经受失去性自主权的痛苦，而实际上性交的功能之一就是重现主体完美的自恋感觉；此外，其自恋与冲动的自我之间实现合成能使他受到情感缺乏的保护。

　　事实上，人类可能很快就不可避免地认识到自己没有能力通过自己所喜欢的方式来满足自己，并认识到这种无能就是他的境遇，即人类的境遇。人类根本接受不了这样的境遇——认为保持这种自己赖以出生的全能的幻想比满足冲动本身更加重要，于是勇敢地去寻求能使他重新获取这种全能亦即保持这种幻想的各种途径和方法。对于他来说，最重要的是今后通过这样或那样的方法来实现这种幻想，即重建自己完整的自恋。

　　他虽然有"自我崇拜"的秉性，但还是认为自恋是一种本能构建，因为它从一出生（甚至出生之前直到生命的终结）就已经形成，且恒久不变，而自我则是后来才获得的，且难以成熟。当自恋在其诉求中显得独断专横、强大有力时，自我一定是灵活应变、顺从迎合的。自恋是由自我管理和表现的冲动活动的基础。但与此同时，它可以巧妙地与自我形成明显的对立状态，而只造成一些自我能够接受的危险。自恋同意与自我达成的只是一些表面的、不全面的妥协，并不从根本上损害和改变它的完整性。然而，自恋与自我完美的一体化并不会阻碍它这样继续存在，至少可以采取某种方式。正因为这样，格兰贝热认为，自恋也应该是弗洛伊德第二场所论范围内的自主权因素，应该提升到心理区分的行列里来。这样，自性（soi）作为自恋心理区分，就会成为人格的一部分，人们就会习惯地把它并入自我（moi）的范畴，而人格应该与自我区分开来。

永存不灭的理想和欲望在精神自恋中是联系在一起的，因为人类没有能力承认自己可以不一直存在，甚至未曾一直存在；这正是对于人类在现实原则影响下度过可怜的短暂生命的一种慷慨大方的自恋补偿。

格兰贝热确信，男性生殖器无论在男人的无意识当中，还是在女人的无意识当中，都是在表现形形色色的完美自恋；无论是男性去势还是女性部分或全部阴蒂阉割，都表示主体在经受使他难以完整地自我建构的种种困难。

男性生殖器是实现自恋完整性的桥梁，因为它在性交中把伴侣两人紧密地接合在一起。

儿童每次冲动的完成或自我的丰富，如果都能增强他自己的价值感并得到他的认可，这在他的无意识当中具有男性生殖器崇拜的性质，相反，如果这种价值感得不到认可或自卑感得不到自恋的补充，这对于他来说好像是在经历一次阉割。

自恋的完整是通过容器/容纳物的一体性来实现的，这与实现胎儿-母亲的完整性的容器/容纳物**子宫内**幻想很相似。

最后，格兰贝热提及难以消除的自恋罪恶感问题。人类可能不允许自己自爱和依然故我，所以，无可争辩，个人主义受到鄙视。实际上，人们认为"自恋幸福是一种罪恶，这种罪恶一旦承担了，就必然会成为最完美对象成熟的基本构成要素。"①

安德烈·格林

"'一人'〔……〕这个概念的性质就在标明自恋"②，格林把它界定为"在一人的欲望中抹去他人的痕迹"，即"单一性乌托邦"（utopie unitaire）。这种自我单一体作为受到限制的单独实体，拒绝接受主体被分离的身份，它是由纯粹的原始自恋到自我冲动的性感化长期演变的结果，这个情欲活动至少部分地实现了最初被碎片化的、受局部冲动的器官快感支配的精神现象的统一。

然而，格林向我们指出了自我所处的冲突境遇，一方面是强迫性结合（尤其在自恋之初），另一方面是由于依赖本我而想成为对象的欲望，他被夹在了这两者之间。在实现这种合二为一遇到障碍时，对于自我来说，只有通过认同来解决问题，认同实现了自我和对象之间的妥协。自我的矛盾是他自愿的，但是，他只能利用他希望与之交合的对象的力比多供给来实现这个计划。

格林认为，原始自恋是一种结构，不能作为一种状态来理解。由于它所憧憬的是一种永存不灭的自我满足的完整性，所以它朝着两

---

① 见 B. 格兰贝热:《自恋癖》(*Le narcissisme*)，1971，巴黎，Payot & Rivages 出版社，Payot 小丛书，1993，第 235 页。
② 见 A. 格林:《生死自恋》(*Narcissisme de vie, narcissisme de mort*)，巴黎，子夜出版社，1983，第 24 页。

个方向发展：

——对象的选择。不过，继发性自恋会隐瞒对于对象的相关投注；

——无目的兴奋的纯粹原始自恋。

原则上来说，现实与自恋如果不是相互排斥的话，则是相互对立的。对于自我来说，既要作为心理区分与现实发生关系，又要在不认识现实只认识自己的情况下自恋投注，这是一个很大的矛盾。

自恋的敌人就是对象的现实，反过来说，就是现实的对象，包括它在自我功能结构中的作用：对象对于自我来说既是外在的又是内在的，因为它对于自我的建立和自恋的设计都是必不可少的。"自恋作为［……］主体的替代内在对象，对自我的关心就像母亲对于孩子一样。它保护和关爱主体。"[1]

此外，格林还论及自恋与性行为的冲突，或者说自恋与对象生死冲动的分离："时而性行为被作为自恋竞争的体验，好像自恋力比多会由于对象投注的流失而枯竭，时而［……］它只是为了滋养主体自恋：性交快感成为受到保护的自恋完整性的佐证。"[2] 按照这样的道理，与常有的但较少有结果的犯罪同时存在的是因没有性交快感而产生的羞愧，它取代了去势所引起的焦虑，而伴随这种羞愧的是依赖对象所固有的自恋创伤，因为对象具有"给予"性满足的能力。

攻击性是造成这种分离的原因。人们大谈特谈需要克制自恋。确实存在一个使对象满足的控制期，但是，控制的需要一旦得不到满足，则会导致疯狂的自恋。

---

[1] 见 A. 格林：《生死自恋》(*Narcissisme de vie, narcissisme de mort*)，巴黎，子夜出版社，1983，第 51 页。
[2] 同上书，第 42 页。

自恋的最后结果是消除初期差异，即一人与他人的差异，最终消除一切其他差异，如性的差异。

冲动与情感的双重性

情欲/破坏性冲动

爱情对象的投注永远都是在双重冲动（与死亡冲动联系在一起的情欲）的情况下进行的，这就奠定了基本情感关系（爱/恨）的双重性基础。这种双重性也是结合的（*intricant*），由于有了这种结合，它避免了任何冲动的分裂危险。

在 B. 罗森贝格（1991）看来，这种冲动的对立会在自我/对象关系中造成冲突，带来复杂后果。因此，为了建构对象的统一体，为了它的"内在关系-协调"，情欲应该成功地建构并保持一种必须使死亡冲动达不到分裂程度的对立。但是，在这个对立的内部，破坏冲动像是"十分温和的分裂效应"，能够针对其纷繁复杂的结构建立起一些内在的区分也是非常必要的，因为这样可以使自我建立起一种不同的、有细微差异的对象关系。总之，罗森贝格认为，在情欲（Eros）与其对象之间，欲望（désir）与其对象之间，一种良好的关系必然会带来破坏冲动的介入，它使它们处在相互可以承受的距离之内，从而使得欲望的加工成为可能，同时也避免了抱有欲望的自我与其对象直接进行合谋。

对象化/去对象化

格林主张把情欲与死亡冲动之间的"原始"冲突解释为对象化

与去对象化之间的冲突。

他提出质疑说，如果性功能及其表现，即力比多，是情欲和种种生命冲动的体现的话，虽然这种代表功能并不具有这方面的全部属性，那么，什么可以作为死亡冲动的体现呢？

他认为，弗洛伊德曾把结合（liaison）与分离（déliaison）描述为情欲和死亡冲动特有的重要机制，这种思想是有缺陷的。实际上，如果情欲自身能够接纳结合与分离这两个过程共存，同样能够容纳自己因此而加工的死亡冲动部分——由此产生的现象在死亡冲动自己的情感当中是不可再诠释的，那么，死亡冲动反而只能允许分离单独存在。

于是，他提出这样一种假设：生命冲动即情欲的基本目的是保证对象化的功能（fonction objectalisante）。这不仅意味着它的职能是创造一种与对象（内在的/外在的）的关系，或者说它只限于对对象的改变，而且还意味着它能够创造对象，把对象作为爱情对象来投注，或把某些功能或活动改变为具有同样身份的对象，条件是有意义的投注要在已经实现了的心理作用（travail psychique）中表现出来，而实际上是这种投注本身已经被对象化了。

相反，死亡冲动的目的则在于通过分离来实现去对象化功能。这不仅是与受到攻击的对象的关系，而且是对这个对象的替代，比如自我。这样，这种功能就实现了对于心理现象对象的降级，使它们失去了自己的个性和独特性，降为毫无特点的身份，被看作最坏的事物。对于投注本身而言，只要它经历了对象化过程，就一定会遭受攻击。因此，死亡冲动破坏性特有的表现就是撤回投注。克莱因明确指出，在对象化功能中，初始对象作用是至关重要的。总之，生命冲动对象化所追求的重要结果是通过性功能媒介来完成象征化，这是两大类冲动结合的保证。

冲动目的的抑制

相邻于效果显著的力比多冲动和自我保护冲动，以抑制为目的或具有升华性质的力比多冲动占有了一席之地，它们是力比多冲动的衍生物。格林认为，"说到底，这是一种对于非要证明自己特殊名称的投注加以限制、抑制和阻挠的思想"。[①] 这种以抑制为目的的冲动——掌控着对象，竭尽全力充分实现与其性交的欲望，并保持依恋的精神状态——与性成熟前以器官快感为目的的冲动活动截然不同。

格林在这种"聚精会神的自我冲动和没有外来力量介入的限制当中发现了破坏性冲动行为。与这种对象关系方面的冲动对抗的破坏行为截然不同的是，它在冲动目的的抑制即持续恒久投注的母体当中观察到了只针对情欲生命冲动的死亡冲动效果。此外，他还发现，在精神生命的其他方面也同样存在这种死亡冲动效果，如：升华、认同和以放弃冲动为荣的理想功能。

爱/恨

弗洛伊德认为（"本能及其兴衰"[②]，1915），爱情故事的发生和对象关系让我们懂得爱情为什么总是被作为一种情绪矛盾在演绎，就

---

① 见 A. 格林：《生死自恋》（*Narcissisme de vie, narcissisme de mort*），巴黎，子夜出版社，1983，第101页。
② S. 弗洛伊德："本能及其兴衰"（Pulsions et destines des pulsions, 1915），载《元心理学》（*Métapsychologie*），巴黎，伽利玛出版社，"Folio Essai"丛书，1968。

是说，它总是伴随着对同一个对象恨的冲动。在自恋、自体性欲初期之后，口唇期会使个性中愿意排除对象并表现出明显双重性的人产生接纳或容纳对象的欲望。继而在肛欲期，会有一种夹杂着恨但无破坏的支配和占有对象的冲动。在性器官期，爱与恨是彼此对立的。因此，这种夹杂于爱之中的恨部分地产生于爱情的萌芽时期。

性成熟前的若干特征

口唇、肛门、阴茎-尿道的构成元素都很活跃，无论在伴侣的性生活中，还是在他们建构和转化的性成熟前各类对象关系的发展层次中，它们都会根据不同的感官性样态默契配合。

但是，我们还是要着重对受虐狂加以研究，在我看来，受虐狂以持久性伴侣——还有冲动目的的抑制、自恋投注和升华的同性恋心潮——"卫士"的特殊身份扮演着重要角色，他显然有助于让人在他全部兴衰起落过程中承受和保持与他的关系。我们应该将这一重要灵感来源归功于贝尔诺·罗森贝格[1]（1991）。

实际上，他向我们指出，在我们每个人身上，都存在很容易引起性兴奋的原始受虐核，它是冲动结合的初始形态（情欲、与死亡冲动的结合力、分离力），是自我原始核的基本构成，它决定了自我在原始自恋介入下的存在。罗森贝格认为，受虐狂被牵连进一切对象关系之中并使得这种关系成为可能。这意欲说，他在接受兴奋投注和难

---

[1] 见 B. 罗森贝格：《生命卫士受虐狂，致命受虐狂》(*Masochisme guardian de la vie, masochisme mortifière*)，巴黎，法国大学出版社，"精神分析学专题论文集"（Monographies de psychanalogie），1991。

以避免的兴奋紧张投注的同时，能使这种兴奋紧张变得可以承受。他可能会使关系不尽如人意，延迟射精和性满足，从而接受期待，参与现实原则的冲动构成要素（dimension pulsionnelle）。因此，受虐狂给予一切主体以一生谱写爱情关系的能力。我们必须从根本上认识到这种关系核心的容易引起性兴奋的原始受虐核的重要性。此外，罗森贝格还认为，受虐狂先于虐待狂，如同冲动结合先于投射。这样，谁被投射到外部，谁就成为虐待狂，因此，当虐待狂成为被投射的受虐狂时，这个受虐狂就是一个在投射中通过对象来感受的受虐狂。重要的是要对原始受虐狂有必要的防御，否则，他会独占全局，使自我脱离了对象，从而他会变得具有致死性。

我们还会根据不同的感官性样态和测算比例来介绍裸露癖/窥视癖伴侣同样活跃的基本特性。

关于若干重要冲突

任何伴侣都要经历各种各样的冲动投注，经历认同和投射变换的交叉游戏，但同时也会由于结构性冲突和现实性冲突（conflits conjoncturels）[有些是很重要的]而生机勃勃，构成夫妻间的动力学。于是，在同一性/相异性、自我/对象、情欲/破坏冲动、自我保护/性行为、自恋/对象性、性成熟前期性（prégénitalité）/生殖性、男性/女性，尤其是双性恋/性认同之间，开始了动力学上的对立。

对于这些对立，有些我们在前面已经论及，有些将在后面章节里加以论述，在此，我们只探讨那些在间主观关系中占主导地位的重要冲突：同一性/相异性冲突和男性/女性冲突。

同一性/相异性冲突

它把自我与非我的差异、"一人"与"他人"的差异反射到了最初的原始差异上，这种不可还原的、在自恋中难以接受的差异会在间主观范围内合作组成一切伴侣的结构冲突性。克莱因以为，"承认相异性是一种痛苦"，但同时也是一种"不能成为他人的创伤"。如果每个性伙伴自恋的最根本目的就是要消除这种在"自恋联盟"的融合状态中体验到的原始差异的话，那么，克莱因认为，"对于相异性来说，认同就是一个'否定性'的回答"。

让·库尔尼[1]认为，这种原始差异之所以麻烦，就是因为它要分离，它可以通过这种开辟思考和复现的必要空间的分离事实被准确地建构。"没有相异性，我既不能自我复现，也不能自我认识和自我认同；需要付出必要的相异性代价；这个代价就是差异及其所带来的一切纷乱的代价，因为所谓差异首先是性差异，这就更加突出了他人不可复现的和不可想象的东西[……]。正是这种不可想象的、不可复现的和不可认知的问题成为人类面临的困难。"① 此外，相异性代表一种对一切主体自恋的认同和完整性的威胁，而且这种威胁是不可转化的，因此，相异性是必需的。但是，与克莱因不同的是，库尔尼一上来就把相异性列入俄狄浦斯三角形："在性别差异和辈

---

[1] 让·库尔尼（Jean Cournut），法国当代精神分析学家，曾任巴黎精神分析学家协会主席。主要著作有：《男人为什么害怕女人》（*Pourquoi les hommes ont peur des femmes*）、《致俄狄浦斯情结者》（*Epître aux Œdipiens*）、《生来就有情欲的人》（*L'Originaire de passion*）等。

① 见让·库尔尼（Jean Cournut）：《男人为什么害怕女人》（*Pourquoi les hommes ont peur des femmes*, 2001），巴黎，法国大学出版社"四马战车"（Quadrige）丛书，2006，第51页。

分差异中，这是一种三方相异性（altérité à trois），在三个人中，两个属于同一性别，第三个属于不同性别，两个属于同一辈分，第三个属于不同辈分。"①

男性／女性冲突

这种性心理方面的男性／女性伴侣形成于青春期，它因而是继肛欲期主动／被动伴侣和阴茎期阴茎／去势伴侣之后的产物。与后者截然不同的是，前者意味着一种真正的差异，即性别差异，这种差异作为精神装置内和间主观的冲突对象，在整个对象历史中可能一直是重要的冲突之一。

库尔尼建议我们首先要把男性／女性伴侣和与之相对的男性特征／女性特征伴侣区分开来，后者系指男人和女人所具有的特性的总称。"男性特征［……］包括男人所具有的身体与心理方面所有特征和属性，正是这些特征和属性成为人们所害怕失去的东西。男子特性刚强而易受伤害，会常常遭受它企图与之抗衡的去势的威胁［……］。女性特征也包括女人所具有的所有特征，以及丰富这些特征的女人的风韵、魅力和华丽服饰等。一个女人的女性特征意味着这个女人已经具有了女人所应有的全部装备，而且这些装备没有被剥夺，她不会让人联想到阉割，能激发男人的欲望且不会引起焦虑。"②

---

① 见让·库尔尼（Jean Cournut）：《男人为什么害怕女人》（*Pourquoi les hommes ont peur des femmes*，2001），巴黎，法国大学出版社"四马战车"（Quadrige）丛书，2006，第35页。
② 同上书，第64页。

伴侣

如果男子特性和女性特征是指种种性质的话，那么，库尔尼认为，男性和女性是一个人类范畴，人们分别在这两种性别身上发现了人类的特性。在弗洛伊德看来，男性这个词是由包括主动、性虐待狂和男性生殖器崇拜一系列语词派生而来的，每个词都与冲动游戏的演变和某种结构有关。女性这个词是晚于并由被动、受虐色情狂和阉割这些词构成的。

库尔尼把可以替代的、引起去势焦虑的阉割女性和不可替代的因而是令人焦虑的、让人感到快乐的女性区分开来。另一方面，女性无论在男人还是女人眼里，都是情欲-物质的。

我之所以有选择地针对男性/女性这个冲突展开研究，是因为我对女性在各方面引起男人恐惧这个问题甚为关注。它会使冲突变得更加复杂。库尔尼力求回答这个问题，他认为，男人不能想象把女性定义为情欲-物质的统一体。

"弗洛伊德一直认为，在男人以为女人体现了'被阉割的女性'的时候，女人就引起了他们对于阉割的恐惧。为了消除这种恐惧，他们以雍容华贵、心肝宝贝、心中女神来赞美女人，甚至尊为母亲，并赞扬众所周知女性特有的男性生殖器崇拜（'她拥有自己该有的一切，什么都不缺'）。另外一种消除恐惧的方法是利用女人的性欲使男女双方获得最大的快感。"[1]

但是，女性对于让人感受到快乐的女人情欲肉体和母腹来说也是不可替代的，而且，这种难以承受的全能母亲形象的消失随时都会发

---

[1] 见让·库尔尼（Jean Cournut）：《男人为什么害怕女人》（*Pourquoi les hommes ont peur des femmes*，2001），巴黎，法国大学出版社"四马战车"（Quadrige）丛书，2006，第210-211页。

生。实际上，按照弗洛伊德1925年在《抑制、症状和焦虑》(*Inhibition, symptôme et angoisse*) 一书"现实神经症的神经核"(noyau de nevrose actuelle) 中的表述，这种丧失会构成始终与现实有关的原始创伤，而这种创伤永远不可能真正转化，它是不可替代的。库尔尼明确指出，它会包含在情欲-物质女性之中，源于一种"抑郁症神经核"。因此，男人会通过阉割情结的贞操来防御这种损失造成的抑郁症后果，阉割情结"像结构性持续恐惧症一样，以局部易全部（négociant la partie pour le tout) 来发生作用"。至于女人的不可替代即她们的"女性"，库尔尼认为，可能会被毫无理由和目的地随意舍弃。这里，他向我们指出了夫妻关系中，尤其是关系紧张和发生冲突时期，性别差异的一个基本构成因素，这个因素造成的种种严重后果常常被人们低估。

心理双性恋

性伙伴任何一方的心理双性恋都会在每个伴侣身上一样被调动起来。很显然，它不符合双性恋的幻想，夸大狂的普遍幻想为既是两性人又有两种性器官，否认性别差异和相异性，拒绝承认分离的外部现实，我们必须摒弃它，接受单性的宿命！

心理双性恋是由男性和女性认同造成的。但是，男人女性有别于女人女性，同样，女人男性也有别于男人男性。

在男人身上，我们要区别两种女性，一种是与母亲女性的原始认同联系在一起的原始女性，甚至是源于母腹中原始认同的"纯女性"，另一种是在消极俄狄浦斯情结作用下的女性；在女人身上，对于母亲女性的初始认同是对自己母亲生殖女性认同的延续。男人的双性恋也不同于女性的双性恋。那么，这两种不同的双性恋在异性伴侣中是怎样结合的呢？

作为完整俄狄浦斯情结的基础，心理双性恋必须把爱情关系至少看作是四种构成因素（每个人的男性和女性）的结合，在这个结合中，每个人都应该找到一种让自己得到满足的形式：或者直接的，或者间接的、幻觉的、象征的或升华的。勒迈尔认为，作为亲密关系（通过冲动目的的升华和抑制而形成）基础的同性恋构成因素，在这种必须由它所经历的情意绵绵的全部夫妻生活构成的特殊友谊中，会扮演一种很重要的角色。作为性伙伴各自消极俄狄浦斯的结果之一，它为自恋对象的选择提供了方便，表现为一种伴侣持久性的因素。在伴侣生活中，如果它没有得到充分"利用"，夫妻关系就会因此而衰竭，性伙伴任何一方都可能会在伴侣之外寻找满意的对象。

克里斯蒂安·大卫（1992）在其参考性著作《心理双性恋》（*La bisexualité psychique*）一书中阐述了这个概念的全部意义及其复杂性。双性恋是一种性心理活动（psychosexualité）的重要体验，正是这种性别心理化（psychosexualisation）和性别心理双性化（psychobi-sexualisation）活动本身孕育了人类这样的性行为。

他提出，分化演变的意念使性认同得到确认，由于由此而造成自恋的恢复和不完整感的加强，在这种意念冲动的同时，还与之相悖而存在"一种双性恋意念，其（……）目的在于通过加强另外一种性别的补充图式来内化性心理差异，在每个人的心理现象中，这种补充图式都是作为一种潜能而出现的，它在被激发或恢复活力时或多或少可以感知。尽管如此，这种潜能的出现既不像是一种先天性现象，也不像是一种原始间主体性现象"。①

而对于性别个体来说,这是一种以使性关系成为可能的潜在形式自身具有另外一种性别补充的现象。大卫强调指出:"因为有双性恋,就有性关系,就有性别之间的关系。因为有性伙伴各方以自己不同的方式(如阉割)感觉到的性别上的不完整,就有了双性恋。在两种性别中,没有哪一种会因为自己有生殖器而感到骄傲。"②

因此,心理双性恋是一种潜在能力,无论在主体间的、性别的和性心理的交换中,还是在我们每个人之间的相互关系和系统内部关系中,它都扮演一种调停者(调停两性)的角色;但是,如果他所代表的性别补充过分扩张,损害到特定的性活动或实际的性心理活动,它还能在幻觉和投注的传递中扮演一种阻碍者的角色。

此外,他着重指出,每个人的性行为经济学都是建立在性行为和性特性两种确认之间永远不稳定的关系基础之上。总之,他认为,如果心理双性恋以满意的方法实现一体化,人们就会确信说,真实的性生活几乎永远都不会走向行为双性恋,但它能够把男性和女性的冲动引向异性性爱关系中。

羡慕与嫉妒

羡慕的相互情绪冲动应该根据我们前面介绍过的 M. 克莱因的重

---

① 见克里斯蒂安·大卫(Christian David):《心理双性恋》(*Bisexualité psychique*,1992)第 50 页,巴黎,Payot & Rivages 出版社,"小小图书馆"(Petite bibliothèque)丛书(1997)。
② 同上书,第 59 页。

113

要贡献来进行研究，而且，我认为，这种情绪冲动与嫉妒一样，应该主要属于被夫妻生活恢复活力的两个性伙伴的兄妹情结的范畴。

弗洛伊德思想中的嫉妒

嫉妒和悲伤一样，属于正常的情感状态。弗洛伊德把它分为三种类型：正常的或竞争性嫉妒、投射性嫉妒和妄想性嫉妒。

正常的嫉妒属于爱情生活范畴，被界定为由于爱情对象的失去而引起的、与自恋的耻辱、自我本身的自责以及与对上述情敌的憎恶联系在一起的一种痛苦。它使完整的俄狄浦斯情结、兄妹情结恢复活力，可能无数的人在两性方面都经历过这种嫉妒。在男人身上存在一种由被爱的女人引起的痛苦和对男性竞争者的仇恨，但是，还可能存在一种男人无意识被爱的悲伤被加强的现象和对女性竞争者（消极俄狄浦斯情结的复活）的仇恨。

在投射性嫉妒中，存在着对背信行为的无意识幻想，并否认自身有把自己的冲动投射到他人身上的欲望。

妄想性嫉妒属于妄想性精神病范畴。

俄狄浦斯情结与兄妹情结

俄狄浦斯情结与兄妹情结（俄狄浦斯情结的旧时表达法）（卡伊斯，2008）是伴侣的重要精神形成体，它们在两个性伙伴之间的联系作用很值得研究。

首先，我们要研究它们在每个主体的三角结构中发挥的俄狄浦斯组织作用，这种作用在于在其伴侣和"他人世界"即广义上的社会世界之间分配其异性恋和同性恋的投注；此外，我们在下一章节里还会探讨俄狄浦斯情结对于爱情的选择和夫妻生活的结构形式所产生的影响；同样，我们还会研究兄妹情结在性伙伴的选择和夫妻生活中的作用，这种作用往往被人们所低估。

幻想生活

依照比翁和安齐厄的观点，我们可以认为，伴侣像所有的群体一样分两个发展层次运行，一个是幻想活动层次，另一个是"职能群体"（goupe de travail）或"技术极地"（pôle technique）层次。根据现代法国人的观念（我也部分地支持这些观念），我认为伴侣的幻想程度（dimension fantastique）涉及多个发展层次。首先，伴侣中一方的个体幻想会与另一方的幻想产生共鸣，如同他们的原始幻想一样，发挥伴侣形成体的作用。此外，以共同或分别做梦的形式出现的有意识夫妻幻想的传递，作为丰富的无意识"相互幻想化"（interfantasmatisation）——既有兴奋作用也有麻痹作用——进入活动状态，滋养和促进伴侣的结构。卡约和德谢尔夫认为，这种传递尤其会形成属于这种群体现实即共同的和分别的心理现实的夫妻间的妥协（*formations conjugales de compromise*）（虚构、意识形态以及其他关于夫妻文化的表述），会在伴侣每个人身上——尤其在被自恋投注的精神对象身上和有着共同肉体和共同虚构心理现象的统一复现表象中产生伴侣或对象-伴侣幻想。总之，随着安齐厄的思路，我们自然会认为，伴侣像所有的群体一样，作为一个有生命的、成员之间互相承认成员资格的群体，生存在幻想当中，他们的口唇期幻想世界极其广泛，他写道:"群体是一张嘴"。群体所特有的这种集体幻想符合群体成员之间在原始母腹中共生结合的怀旧梦想。关于这个观念,我还会进一步作确切的论述。

投射与认同

投射与原始的、附着的、投射的和摄取的认同促成了伴侣的构建,并使两个性伙伴水乳交融结合在一起的时候,局部心理临界线模糊不清。尽管这样,我们还应该明确指出它们在自我内部和主体间关系方面的不同作用。卡伊斯着重指出,在它们不同的感官性样态中,它们以幻想和相互幻想化的共鸣现象为基础建构起若干过程。另外,它们参与组建共同构成夫妻特有的心理现实的伴侣性伙伴"精神现象的附属装置"。同时,我们不能忘记它们还有对于已经变得内在化但又服务于自我的对象的防御功能。下面,我对上述若干方面做一些更加明晰的阐述。

关于投射的主题,格林认为,在爱情关系中,可能每个人都仅仅是接受他人投射的复现表象的一个敏感的载体。即便每个人都让人通过他的投射来替代,问题还会变成两种投射活动的关系。

认同场域很广阔。它是对与另外一个人的情感关系的最初表达方式,从一开始就具有双重性质(因为它是口唇期的根蘖),因此,认同成了吞入幻想力的基础,一方面,它应该与摄取——对象及其属性在不改变自我的情况下向自我内部的幻想过渡——区分开,另一方面,它应该与内心化——包括主体间关系和转化为精神装置内关系的冲突——区分开。

现在看来，我们必须涉及一些认同的基本特性和功能，它们将有助于我们更好地理解认同对伴侣的建构所产生的影响。下面我借助皮埃尔·吕凯（2003）[1]*在这方面的可贵贡献来做这件事情。

他首先提醒我们的是自我情感表露的自恋需求、与对象需求和对象依存相关的初始自恋创伤、作为对真实对象缺失和结构对象（objet structurant）失去的基本防御的摄取，以及任何主体自我的临界（frontièrs）与极限（limites）投注概念。这样，我们才可能更加广阔地认识外在的世界。

P. 吕凯把认同视为一种对象关系，一种主体与对象通过力比多冲动结合在一起的关系。他首创地把产生于整体自我（moi total）或整体认同——符合因此而变成自我的构成部分的对象（假想自己与自我融合并且自我承担了他的功能）的"同化"（assimilation）——的认同与产生于扩展为一种"意象"（imago）或"包含"（inclusion）的自我的临界极限区域的认同区分开来。此外，他还明确指出，内投永远都不会导致认同，对象可以处于内在状态，不会实质性地改变自我。

根据自我的演化、力比多的组织和对象关系，吕凯把像投射认同这类大范围的、在伴侣结构化中特别积极的自恋认同与消极的，尤其是受到限制的和不完全的歇斯底里认同区分开来，后者属于假设性情结现象，包括：认同对象明显外表化的复现表象；认同对象多方面

---

[1] 见皮埃尔·吕凯：《认同》（*Identifications*），巴黎，法国大学出版社，"红线丛书"（Le fil rouge），2003。

* 皮埃尔·吕凯（Pierre Luquet，1918—2000），法国精神分析学家和画家，国际精神分析学家协会会员。——译者

选择（选择其中之一）的碎片化；借助肛门性结构化的选择性摄取；对于其他真实对象成员的反认同（contre-identification）。

在认同的各种不同功能当中，他特别指出：

—— 对自我和对象的保护，即它在自我组织内部的防御作用。这样，在与自我的同化中，自我专注的抑制性冲动功能最为重要，因为冲动的卸除会使自我和对象都处于危险之中。在对象关系中，对于禁止对象的同化引起的欲望，自我会感觉到他尽可能抑制的投注，作为保护者被感知的禁止对象会使他抑制冲动；

—— 促成欲望的满足，预防欲望得不到满足；

—— 阻止对认同的人进行攻击；

—— 对他人情感的认知与再认知作用。

冲动与共生现象

冲动与共生现象既符合倒退回胎儿状态亦即母腹的欲望，也符合倒退回温尼科特所描述的"母亲-婴儿统一体"的欲望。在格兰贝热的思想观点里，这种寻求性伙伴"自恋联盟"的目的在于"重建"我们每个人过早失去的"自恋完整性"，它会产生一种被描述为性伙伴无意识中的阴茎意象的"自恋完全性"状态。在温尼科特看来，这种重新获得的统一体状态既与原始自恋相一致，也与"纯女性"（féminin pur）相一致，这是一种建立在全能经验基础之上的经验，与此同时，它也使自己情感（sentiment de soi）和处于以冲动对象关系为特点的"纯男性"（masculin pur）对立极的主体/对象非冲动性认同（identité alpusionnelle）得以建立。实际上，我们也可以在伴侣内部看到这种结构，它围绕两个极而存在，一个是非冲突性的自恋的和群体的极，这里是众多的自恋投注之地，它以具有"夫妻自己"（soi conjugal）情感的自我/对象的恋爱认同为基础，是"纯女性"的和无所不能的；另一个是对象的、主体间的和冲突性的极，这里是自恋投注之地，它以主体/对象各自恋爱的冲动性对象关系为基础，是"纯男性"的、情欲的和攻击性的。因此，这种双极结构就构建起一个表达"伴侣两性状态"的"夫妻关系的全部自己"。

这些冲动与共生现象容易引起性兴奋，但也会造成人格解体的焦虑。在伴侣内部，它会造成融合的欲望（自恋和群体的极）和必要的防御性距离（对象与主体间的极）之间长久的游移不定。如果我们再拿罗森贝格的观念来分析的话，情欲与死亡冲动之间的测定比例肯定是变化不定的。在自恋极一边，情欲可能是压倒一切的，但它有可能成为自我临界线的破坏者，而在对象极一边，情欲与破坏性冲动之间的对抗关系构建起主体间的关系并保护"有关我的"（moïque）临界线。

伴侣中的移情

弗洛伊德在《对移情爱情的观察》（1915）一文中已经指出，在伴侣关系的整个存续期间，移情在伴侣的精神生活中是非常活跃的，它直接影响到爱情的选择，尤其迫使性伙伴们重新上演儿时充满幻想的剧情。实际上，我们会在伴侣内部发现一种双重演练：即"旧戏重演"的爱情状态，重复"儿时原型"，弗洛伊德认为，这是"一切爱

119

情状态的基本特点"。① 但是，移情是指两个伙伴之间的转移和相互转移的一种关系，因此，通过移情表现出第二次重复，但是，移情"本身仅仅是重复的一个片段，而这种重复是把被忘记了的过去不仅转移到医生身上，而且转移到眼前情境下所有其他领域。"② 为了说明这一点，弗洛伊德还回想到通过精神分析"治疗"一个人为造成的移情神经症的病例。

同样，我们在伴侣身上也观察到相互转移神经症的精神状态，他们每个人都在与自己现实的爱情伙伴重复"儿时原型"。然而，这种转移与向精神分析医生的转移不同，它是两个具有夫妻关系的伙伴之间的相互转移，是他们自己在一种二元性的、不可转化的关系中进行，没有伴侣治疗医师在场，更不存在治疗的效果。因此，伴侣是被封闭在他们自己共同制造的相互转移神经症之中。

对象关系

对象关系的诸多问题有待进一步研究和明确。首先，我们会涉及哪些对象呢？有内在的或外在的对象；现实的或幻想的对象；部分的或全部的对象；"好的"或"坏的"对象；自恋的或情欲的对象。我们会涉及哪些类型的关系和普遍的冲动投注呢？有现实对象或幻想对象的关系；整体对象关系或部分对象关系；自恋关系或客体关系；投注有自恋的、情欲的、攻击性的、异性恋的、同性恋的、升华的和

---

① 见弗洛伊德:《回忆、重复和穿刺工作》(*Remémoration, répétition et perlaboration*，1914)，*OCF, P, XII*，巴黎，法国大学出版社，2005。
② 同上书，第190页。

抑制性的。在伴侣内部，无论是他们的结构还是运行方式，我们都能看到各种各样不同的对象关系形态，有些关系之所以稳定，是因为它们的结构合理，有些关系之所以变化不定，是由每个伙伴一定的精神生活环境所决定了的，这与夫妻生活的兴衰变迁同属一个道理。

M.布韦这方面清晰明确的观点和格兰贝热关于口唇和肛欲对象关系的论述都对我有极大的帮助。我最后介绍克莱因关于自我/对象原始结构性冲突的一些观点。

莫里斯·布韦

莫里斯·布韦接受了弗洛伊德和亚伯拉罕的观点，但同时也受克莱因和费德恩思想的影响，他强调研究对象关系场域对于创立精神分析临床医学的重要性。

首先，他指出在自我、"冲动平衡"和对象关系之间存在一种相互关系，而且，它把对象关系定义为主体与其内在的和外在的"有意义"对象的关系系统。然后，他根据大量概念把它们分为性成熟前的和生殖的两种主要类型，这些概念有：固恋（fixation）、倒退（regression）、投射（projection）、内投（introjection）、幻觉活动（activité fantasmatique）、对象关系的工具（instruments de la relation d'object）、"对象距离"（distance objectale）——通过"比较"和"延伸"，尤其通过他自己科学的梳理和"调整"，还包括防御人格解体的出现的种种方法。他同时指出，在同一个主体身上，关系的发展层次和自我的结构也变化不定，这对于伴侣来说特别具有启发意义。

另外，他认为对象关系既是一种对象之间的关系，也是一种自恋关系，正是在这个意义上，自恋结构才必须通过主体与一个对象的

121

关系来完成。因此，对象关系收到的是一种冲动的双重投注。

生殖对象关系明显具有正常性，某些集中于俄狄浦斯冲突的影响神经系统的组织造成了重视对象现实的对象关系，整体对象（objet total）在其相异性中被感知。而性成熟前的对象关系又回到了性成熟前的固恋期，如口唇期和肛欲期。其特点是对于关系具有很强的独占欲望，关系中主体的需求会以一种"心理依赖的对象关系"不断膨胀，这就是布韦所说的，依赖一个能够扮演"临时自我"（moi auxiliaire）角色的对象来实现的自恋需求。他注意到，这种既有绝对的必要性又有让人窒息的强迫性的特点是性成熟前对象关系的属性。由于在性成熟前期人格的绝大部分已经固定下来，所以，从本质上来说，正常的和完整的生殖关系即爱情是一种和睦的关系，因为在这种关系的发展过程中，主体为了暂时与他人融合而放弃了自己的人格界限。然而，在性成熟前期者那里，爱情就是实质性的破坏，就是对主体完整性的威胁。这正是性成熟前关系两难推理的独特之处。

至于**格兰贝热**，他对布韦所认为的口唇和肛欲对象关系提出质疑，他首先指出，在口唇性和肛门性之间存在一种具有辩证动力学即相对动力学性质的性成熟前期性（prégénitalité）。

在他看来，必须认识到口唇性是根植于自恋，也就是说根植于出生前的生活，它在出生前后这段生活期间表现得"盛气凌人"。这里会有一个前双重性无对象阶段，双重性阶段可能与肛门施虐淫期的施虐因素的渗透有直接的关系。

口唇对象关系的特点是主体/对象相互混淆，口唇性虐待狂"与其补充物构成了真正的统一体"。口唇对象关系可能是模糊不清的，朦胧的，但它是绝对的和无限的。口唇性虐待狂对于这个对象及其自身的对象特点，对于其自我及其界限都一无所知。他的世界是一个开放的世界，他的关系模式尤其受到这一特点的制约。只要一切都发生于融合之内，那么给予和获得永远都是平衡的。他既不承认交换原则，也不承认价值体系。他所希望的是完全的和直接的满足感。从冲动变化的观点来看，口唇性虐待狂的爱情生活永远都是肤浅的，它虽然紧张而激烈，但与其说它是一种情感方面的经历，不如说它是严格意义上的性方面的经历。

何为肛欲对象关系？

格兰贝热主张，这种类型的关系应该宁可把保持因子作为起点，它是运动机能和肛门支配力的基础，他特别指出，每一种对象关系都有肛门因素的存在，它是对象关系的基础。由于如此建构的对象源远流长，出现这种现象是必然的。排泄的对象既是自恋的，也是对象的，作为可操作的对象，它是快感和支配力的源泉。

他向我们指出，肛欲期这种关系的根本特点在于对对象的支配，它使主体得以重建其完整的自恋。肛门性虐待狂把自己摆在与其对象面对面的和居高临下的位置，所以，他的主体性得不到这个对象的承认，他与对象保持一定距离，从而划定自己与对象的界限。对象自身的特性或本质并不大重要，他仅仅是某些功能的介质而已，因此，他们是可以相互替换的。这种肛欲对象关系是一种典型的主体/对象关系，一种良好的社会关系，它与口唇关系截然不同，是全面区分未来价值体系、组织和等级的基础。因此，人类活动的一切建构形式都与肛门性（analité）分不开。

基于这样一种观点,我们可以想象得到,在所有的伴侣建构中,口唇与肛门的协作与对立因素必然会介入,尤其在"伴侣"层面,即伴侣的幻想层面——共同肉体与非现实共同心理现象统一的复现表象,口唇对象关系得到超常的发挥,而与此同时,肛欲对象关系则在主体间的、冲突的层面占据了支配地位,组织起了夫妻生活和"职能伴侣"(couple de travail)。关于这个问题,我在后面会展开论述。

格林与自我/对象冲突,境界状态临床案例

首先,格林认为,对象关系包括:对象复现表象和相应的情感以及无自我复现表象的自我情感。自我复现表象实际上通过自恋投注乔装改扮成自我复现表象的对象复现表象。

自我也许会把一种运演网(感觉、复现表象、认同)的运行与处在相对稳定的发展层次的投注系统结合起来,但是,对象的缺失会使这个系统处于紊乱状态。对象原本就是本我(ça)要满足的一个目标,其实对于自我来说,在某些方面,他永远是平衡失调的一个原因,是一种"创伤"(tranma),对象-创伤之说就是由此而来的。实际上,自我在两种矛盾的倾向之间左右为难:一是渴望与对象形成统一的联合体,但具有解体的危险;二是脱离自己所依存的对象,但这种境况是难以承受的,同时也是解体性的。因此,自我与对象之间的关系问题就是他们的共存问题、他们的内在和外在的极限问题。对于自我来说,对象代表的是一种威胁,在他自己单独存在的情况下,他会强迫自我改变其功能体系(régime de fonctionnement),而在他不可控制的情况下,他就是创伤的根源。自我所痛苦地依存的对象,是变化不定的，不可认知的和无法预见的。他是独立自主的，并不是一个自恋的对象。因此，接受对象就是接受他的变异性和偶然性，也就是说，他既能融于自我，也能远离自我，从而重新勾起了僭越与分离的焦虑。正是由于这样的原因，自我与对象-创伤之间不可避免会产生冲突。

第四章
伴侣的"自然"史概要

任何伴侣的历史都是深广而复杂的,我意欲就一些一般来说至关重要的、不稳定的和有关伴侣结构的阶段,以各种简便而有效的方法进行特别专门的研究:相见、伙伴的选择条件和伴侣的结构形态;伴侣生活的开始,继之而来考虑危机的心理过程和伴侣的发展前景的潜伏性关键时期;夫妻间文化与同一性的设计,尤其包括:家庭小天地与角色分配、沟通、冲突、夫妻节奏和性生活;生儿育女的意愿问题;孩子的出生或由伴侣向家庭过渡的关键而不稳定的阶段及其对于伴侣和伴侣成员的心理经济学和动力学的影响;无子女伴侣(选择或不生育),其因果关系与影响;家庭未来的发展扩大,以周而复始围着孩子们的生活圈子转和伴侣成员经历各种各样的不同事件,从而不可避免地造成夫妻和家庭的动力学与经济学不稳定结果为特点的阶段;除此以外,我们还会讨论随着伴侣的衰老而出现的动荡阶段:其特点、影响和利害关系。

伙伴的相见和选择与伴侣的心理结构形态

伙伴相见和选择的社会学方法

在法国，大多数研究［A. 吉拉尔（A. Girard），1964；M. 博宗（M. Bozon）和 F. 埃朗（F. Heran），1987］都强调社会机制的重要性，认为它对于配偶的选择具有决定和限制的意义，是社会秩序的维护和再生产的操纵者：一种在其不同的地理、职业和文化等构成因素中的内婚（homogamie）现象。**任何人都不会不加选择地遇见一个人就与其结婚，物以类聚，人以群分**。人们的这种感悟也许有悖于当今靠爱情和一见钟情建构伴侣的时尚。不过，这种相似性的研究并不很系统，差异性的研究或许也具有同等重要的意义，如同"社会关系的准则"很难脱离"社会行动者的游戏规则"。从历史的角度来看，这些规则是变化的，它与人们的趣味和行为方式的发展变化以及社会群体关系的演变有着密切的联系。互补性研究亦即不同性质的差异性研究会给我们每个人都带来一笔特别的、我们所缺乏的财富。相似性／差异性的有机结合是伴侣成长中的一个核心问题，它是一个复杂的动力学过程。因此，社会学家们纷纷提出质疑说："为什么在婚姻市场变得更加开放，舆论变得更加有利于异族婚的情况下，内婚现象依然处在几乎稳定的状态，减少得那么缓慢？为什么自由恋爱没能在社会和谐的护栏内激起波澜？"[①] 这些提问使我更加关注选择伙伴的具体方式。

[①] J.-C. 考夫曼，前引书第 26 页。

伴侣

第一类问题的解释又回到伙伴相见和开始伴侣建构的具体条件上来。M. 博宗和 F. 埃朗对于社会上建立的那些相见地点进行了分析，结果是任何人都不会不加选择地随便与一个人相见。两位作者在"公共场所"、"专门场所"和"私密场所"之间勾画出一个"相见三角形"（tiangle des rencontres）。每一类社会职业都会定位在这三种极地之间。属于大众阶层的人会在公共场所（节庆活动、集市、舞会、街头巷尾、咖啡馆、商业中心）相见；属于具有知识资本的上层社会的人会在那些出入受到象征性或实际检查的专门地点（协会、研究场所、夜总会、文化体育活动）相见；私企管理者、老板、自由职业者会在一些私密场所（住所、家庭聚会、朋友相聚）相见。因此，一定的场所会对经常光顾者起决定性的作用。

第二类问题的解释涉及作为选择伙伴的基础的社会范畴问题。博宗强调以感觉范畴的内化为基础的社会标准，并认为这些标准因出身阶层和性别的不同而不同。他以此而证明相貌标准和道德与心理品质是如何使两个性别的候选者和谐结合的。

考夫曼提出这样一个假设："如果暂时的结合变得更加开放，更具异族性，那么二人生活的初期阶段能证明两个伙伴相互协调的能力，但接下来就会像过滤器一样运行：一部分最异型的（atypique）结合消失了，而那些最具内婚性的（homogame）（或最为互补性的）结合则很容易维持下来。因此，恋爱自由和夫妻关系的不稳定并没有阻碍内婚现象永久延续。在此，从动力学的角度来看问题是最重要的。因为它不是一种简单的延续，导致这种结果的过程与以往大不相同了：它更多的是基于行动者的行动能力和决策能力。"[①]

---

① J.-C. 考夫曼，前引书第 27-28 页。

伙伴相见与选择以及伴侣的心理结构形态

伙伴相见与选择

恋爱相见会在双方心灵深处造成一种创伤，一种侵害，或轻或重地引起他们在经济、动力和场所方面的恐慌。在这种表面看来使他们每个人的自我都受到打击和被剥夺的侵害当中，J. 安德烈（1995）[1]认为，人们可以感觉到一种与女性的情深意切的亲密关系，这也许就是"**相异性状态下开始恋爱的基本感官属性**"。

实际上，就像安德烈所界定的一样，相见、恋爱和组成伴侣，都带有女性心理发育初期环境的某些痕迹。相互痴情的对象相见与心理装置内的相互渗透所带来的这种侵害性创伤与积极开放和消极被动的情感冲动相结合，使得"原始女性"的这种先天状态与时俱进，活力永存，并成为至关重要的条件之一，没有它，就不会有恋爱相见，更不会有伴侣的出现。事实上，伙伴双方都想着把自己主体间和心理装置内的双重冲动与对方的这种冲动结合起来。这样的状态对于双方来说，既调动了他们的女性性，也调动了他们给人以强烈感的、"冲动时具有侵袭性"的男性因素。最后，如 C. 大卫所言，正是伙伴双方这种心理上的两性状态才使得他们的恋爱相见得以实现。

恋爱对象应该是源于自恋、情欲和攻击性冲动的满足，同时也有助于自我及其防御组织的加强，尤其在那些当它面对一种永远都不能完全控制的冲动平衡（Lemaire，1979）时表现得略有欠缺的方面。因此，它应该获得一种最终永远都不能获得的心理安全（M. Klein，

---

[1] 见 J. 安德烈（J. André）：《关于女性性行为的起源》（*Aux origines féminines de la sexualité*，1995），巴黎，法国大学出版社"四马战车丛书"（Quadriges），2004。

1937）。

伴侣双方每个人的俄狄浦斯情结都将预先决定这种对象的选择，事实上，这种选择就像我们所说的两期性行为（幼儿性活动，即潜伏期，然后是青春期）的演变一样，是分两个阶段进行的。在这个演变过程中，温情的和感官上的两种倾向会汇集在同一个对象身上，而且性成熟前的部分冲动会集中于生殖至上之下，结果会在事实上导致生殖爱情和生殖目的。

根据勒迈尔的杰出研究，我介绍一些对象选择的类型：

—— 参照父母意象的选择，即俄狄浦斯选择。

这方面的参照是积极地，但也可能是消极的，这要看所参照的双亲是不同的性别还是相同性别。心理上两性的性角色和男性与女性的认同十分明显。

—— 对象的选择和性成熟前的冲动。

恋爱对象被作为工具来防御脱离总体冲动的、应该保持在抑制和反投注状态的部分冲动的不同表现。因此，它属于防御性选择。

—— 参照伴侣双亲的积极与消极意象的选择，这种选择参照对原风景的幻想，把它作为灵感和创造的源泉，但也是出于防御的目的。

—— 自恋对象的选择。

这个选择就是现在的自己本身（soi-même），曾经的自己本身，理想中的自己［自我理想］（Idéal du moi）本身和曾经作为自己本身一部分的那个个人。

—— 欠缺的选择。

自恋得利也可以从选择伙伴身上的消极特性开始获得。主体在自己担心欠缺的方面选择对象，这就有了这个对象所潜在的欠缺。这就给伙伴造成人们担心我们所存在的那种欠缺。这种选择可能有助于伴侣通过无意识角色分配来对系统组织作出决定。

——作为内化的坏对象介质的伙伴。

一般来说，这个伙伴起初都是理想的对象，是作为好的对象投注的，但是，投注形式明显具有双重性，会出现附带性倒置。对象变成剥夺和迫害的根源，这种双重性投注不管是自恋的还是情欲的，它所持续的时间至少应该超过攻击性冲动投注。尽管如此，伙伴仍然被"对象化"，作为"坏对象"被投注，对于双方来说仍保留有一种价值。实际上，某些主体由于受到许多人际关系方面难以避免的妨碍，行为上好像需要一个怀有仇恨的伙伴，缺少了这样一个伙伴，他们就会陷入更严重的人际关系的慌乱之中，比如受迫害妄想。这里，我们可以把它视为一种像是在被认同为受虐色情狂自我的对象与被认同为施虐色情狂超我的主体之间的施虐受虐色情狂游戏。

——被作为防止出现浓烈恋爱的危险，避免由于过于迷恋爱情对象而被耗尽或遭受折磨的伙伴选择。

对于这种浓烈的恋爱，布韦认为，为数不少的主体（性成熟前者）感觉像是一种危险的根源。对于有些主体来说，这种危险感要么伴随着心理指令征兆（如焦虑、逆反心理），要么伴随着身体指令征兆（性无能、性欲缺失、头痛等等）；在另外一些主体身上，这种感觉则表现为一种近乎预防的行为，如与选择了的对象保持距离，在主要的恋爱对象之外，还与他人保持着大量的情感活动。这种防御性策略促使主体去选择一个不知不觉中与他有同样感觉的对象。正因为这样，我们会在这样的伴侣身上看到，在他们的合理空间内引进了一个第三分离者和保护者。

131

伴侣

另外，我还要指出卡伊斯（2008）[1]在兄弟情结的影响方面作出的贡献。对于一个女人来说，她可以被作为兄弟意象选择为爱情对象，这使她与将来会成为她丈夫的男人建立起恋爱关系。这个兄弟已经作为"双男性和两性性的（double masculin et bisexual）补充自恋对象"被理想化。她与自己的丈夫（作为这个兄弟的代替者）组成兄弟姐妹式伴侣，这样对于他们失败的性生活和抑制乱伦幻觉来说就有了说辞。我要说明的是，双重自恋和双重两性性的复现表象可能是一种对于性差异、生殖差异和阉割幻觉的防御。

确切地说，不同的选择往往在恋爱对象之间根据不同的行为方式而有机地结合在一起了。

无意识联盟

关于无意识联盟及其对伴侣建构的影响，让我们来回忆一下卡伊斯所言。

卡伊斯确信，主体为了进入某种关系状态，必须在他们之间建立起牢固的联盟，集中和建构"心理物质"和由此而产生的心理现实。这些联盟是主体之间的心理组织，产生于无意识，不管这种无意识在其内心被压抑（通过压抑）与不被压抑（通过拒绝、否认、排除），它们都在履行各种建构与防御的职能。所有的联盟都由于冲动投注和无意识幻觉而得以维持，无意识幻觉作为相互关系的动力学与人格结构的组织者在发挥作用。这一点，我在前面已经论及。相互认同是这些联盟的条件和结果，具有许多种作用，同时创建了共同互利

---

[1] 见 R. 卡伊斯：《兄弟情结》（*Le complexe fraternel*），巴黎，Dunod 出版社，2008。

的组织形式。这种无意识联盟同时也是完成无意识目的所必需的过程和手段。

关于伴侣内部满足无意识欲望（没有一个主体能够独自实现）的场景和手段，卡伊斯明确提出了欲望实现联盟（alliances de réalisation de desir）和"防御约定"（pactes défensifs）或"否定约定"（pactes dénégatifs）(1985—1989)。它明确指出，这些联盟与约定的缔结是为了保证主体在建立一种关系时的防御需要，也是为了使这种关系得以维持。因此，我们应当把他们看作是解决精神装置内和这种关系中表现出来的各种冲突的一种方式。大部分无意识联盟的缔结都不仅仅是为了处理缺乏[1]、阉割、分离、丧失等问题，而且尤其为了处理破坏性的、不可能办到的和难以想象的事情。他告诉我们，在群体当中，这些联盟被压抑和不被压抑的内容都会通过一定形式的征象、一些不经意的口误和莫名其妙的手势或动作表现出来。因此，在卡伊斯看来，主体间的关系是围绕着两种相互关联的极性（polarité）展开的：一种是建立在积极的基础之上，另一种是建立在消极的各种防御活动的基础之上。我们发现，在关于夫妻关系的双重职能这个问题上，勒迈尔与卡伊斯两人的观念具有一致性。

这些无意识联盟本身是建立在围绕个体心理现象的"超心理现象的保证"和围绕社会组织的"超社会的"保证基础之上的。毕竟，每个群体都会具有心理构成和占主导地位的社会文化构成这样的伴侣性质，心理构成和社会文化构成是群体同一性和群体对其成员的认同的基础。这对于伴侣来说也是可以考虑的。

---

[1] 缺乏（le manque），拉康象征去势的用语。

介绍朱迪斯与艾伯特的例子

朱迪斯与艾伯特都30来岁，两人在他们第一次上摩托课时相遇。朱迪斯是一位分别和两个男人生育有两个女儿的母亲，从事教育工作，一看就是一位知识分子，很有教养，温文尔雅，感情不大外露。

艾伯特是一位尚未成年的女孩的父亲，在一家企业做营业员，看上去很幼稚，脾气怪异，缺少教养，放荡不羁。

从这对伴侣身上，人们再次看到前面我提及的多种选择的结合。从双亲伴侣的角度来说，艾伯特占便宜，朱迪斯吃亏；朱迪斯选择了艾伯特身上某些方面的缺陷，表现出她情感方面的脆弱，她尤其被冲动与施暴所触动和慑服。很显然，她会潜意识地诱导这种施暴。实际上，她会利用这种对自己的暴行，通过对他的认同而从中得到幻觉快乐，与此同时，她会因为这种反常行为而批评和指责他，以此来证明自己更加出色。我们发现，朱迪斯有着与艾伯特同样的心理倾向，但它是受到抑制的，是反投注的。她从来没有能够像她所幻想那样随心所欲过。可是，艾伯特在大发脾气时却很像他粗暴的父亲，这一点，他自己也很感不安。当朱迪斯超越自我摆出一副母亲的架势，使他产生一种负罪感的时候，他也会像一个好动爱闹的孩子一样表现出一脸不高兴的样子。实际上，艾伯特在冲动爆发以后也感到痛苦、羞愧和有罪恶感，觉得自己是一个坏儿子，一个让人失望的伙伴。对他来说，他的受虐色情狂心理能够大致得到满足是件重要的事情。如果朱迪斯被艾伯特的这一弱点所吸引，她对于他来说就是一个理想的人物，她矜持稳重、聪明伶俐，既有文化，又能言善语。但是，她过多的言语，"填鸭式"地向他灌输自己的说教侵犯了他。为了避免出现侵害性热恋危机，他通常需要借助工作与她保持距离，几天之内不一起过伴侣生活。对于朱迪斯来说，她也需要这种距离，需要和两个女儿的父亲过二人世界的生活，因为她和他们还保持着珍贵的友谊，这一点使艾伯特十分嫉妒。总而言之，我要强调的是，他们的伴侣生活具有明显的同性恋构成，这表现在朱迪斯的男性性吸引着艾伯特，艾伯特的某些女性性尤其吸引着朱迪斯，他们是一对一起开心玩乐的好伙伴。

"蜜月"与伴侣危机：一种精神分析的方法

"蜜月"阶段与爱情生活的开始

蜜月阶段对于一对恋人来说具有结构效应，对于两个伙伴来说是一个关系成熟的阶段。这时，两个伙伴排除一切伤害对方的因素，表现出对于对方和爱情生活的强烈理想化，双方不同程度地在不同领域不再有心理上的界限。每个人都不同程度地感觉到与对方融为一体，成为对方不可缺少的部分。他们彼此没有任何批判指责，筑起一道两人之间的共同防线和伴侣与外部世界之间的新防线，把所有的伤害都转向外部和第三者。这样，一个共生的或融合的伴侣雏形就形成了，它对于两个恋人来说，是一个能够发挥很重要的结构作用的"自恋同盟"（格兰贝热）。

然而，爱情对象作为好的对象似乎仅仅是一部分，从坏的方面来说，被拒绝的施虐者向外部投射。这种情况使我们想到了 M. 克莱因设计的偏执-分裂样期（la position schizo-paranoïde）的类似现象。

这种现象也使我们联想到了安齐厄（1971）所描述并概念化了的"群体幻觉"（illusion groupale）现象。群体幻觉是指一种特殊的心理状态，其特点是，群体在一定的时候通常有一种满足感，其成员会在语言上这样表达:"我们在一起非常好;我们组成一个很好的集体;我们的头儿是一个很好的头儿。"群体幻觉认为他们的这个群体会被其视为力比多对象。这种幻觉以群体同一性代替了个体同一性,相信个体是同一的,并建立起了群体自恋。它对于共同的被迫害焦虑会有明显的集体防御,这是一种轻躁狂的防御形式。此外,它认为理想的自我的功能会在群体中发扬光大。因此,共同的理想自我代替了每个成员的理想自我,也就是说,群体是作为理想的自我在每个参与者的心理装置中运行的。群体幻觉把破损的幻觉作为一种交换物,这时候,对象-群体就会被破坏性冲动以不同的形式给予投注。然而,群体幻觉是一个更加普遍的过程,"道理很简单,因为群体在制造幻觉"。

因此,我可以认为,对于每一个伙伴来说,这种"蜜月"阶段可能都是在建立作为新生群体的伴侣,这个伴侣就是自恋的基本投注对象,按照格兰贝热关于个体自恋的说法,这种投注拉开了"夫妻自恋"或"夫妻自我"的序幕。

设若我斗胆重拾与"新生儿体现出的形成中的生命体"相类似的说法,受温尼科特的影响,我会这样设想:这对新生伴侣充满一种"与生俱来的创新冲动",这使他们具有了幻想的创造潜力,同时,也具有了一种成长、相互融入和走向成熟的潜能。

伴侣危机与悲伤的心理作用

伴侣危机是由主体面对一个好像不再能满足他所有欲望的对象强加给他的某种缺陷而感到失望所引起的。甚至即便伙伴或外在爱情对象没有改变,他也会觉得内在爱情对象似乎不够尽职,不尽如人意。

因此，发生变化的是主体的心理现实而并非爱情对象的客体现实。于是，这种失望引起了理想化和分裂的突变过程，引起了自我和异质的（auto- et hétéro-）攻击性冲动的重现，也引起了良好的对象关系功能所必须的真正的天赋双重性的重新构建。这对于伴侣来说是十分难以承受的。这种失望可能会唤起一种新的批评，一种现实的检验形式，阻止那种对于对象部分的无知继续发挥作用。这样，爱情对象就变得完整了，爱情关系也由于具有了双重性，在负罪感、修复需求和对他人的关爱能力的作用下而得以进入"抑郁期"（positon dépressive）。这是毋庸置疑的，但是，爱情关系每一方都陷入了痛苦的现实之中，具体表现为：爱情对象的相异性及其多变性、权力和掌控这种权力的不可能性以及自身对其在自恋方面严重受伤的场所的依赖性。鲁弗伊奥认为（1984），伴侣危机使成对关系具有了一种表示全部精神病潜在性的心理功能，他所谓全部精神病潜在性系指否认（déni）、爱情对象与好的和坏的自我的分裂（clivage），而且，这种分裂与内在化的、被理解为危及心理完整性的自我的一部分的伙伴的类妄想狂实际经验结合在一起。因此，爱情对象对于双方各自而言就成为一个内在的迫害狂。

人们可以利用某些防御过程来避免和克服这种危机，以维持理想的爱情对象，尽管始终存在着分裂：好的对象是伴侣的起源，而坏的对象则归因于外部因素，这样就会引发针对第三者的投射性攻击行为和针对爱情对象的独占行为。此外，还存在针对回避自我批评的对象的种种攻击性冲动（mouvements agressifs）。这种自我和异质的冲动造成伴侣双方对于相互自恋的否认（disconfirmation）。

在伴侣门诊当中，我们区别两类产生危机的因果关系：一类是外部事件，即由伴侣每个人或夫妻共同经历过的可能是十分严峻的考

137

验和阶段；另一类是伴侣某个成员的成熟变化，这种变化"迫使"他第二位地贪求冲动的满足，而起初在选择自己的伙伴时，他对这种满足的欲望是加以防范的。这是一种压抑者的回归（俄狄浦斯情结、同性恋和性成熟前的冲动），它会导致对自己伙伴吹毛求疵，对其身上那些起初十分赏识的东西横加指责。

伴侣生活中的种种考验和潜在性危急阶段

关于这些考验和阶段，我在此略举若干加以介绍，它们会表现出自恋性损伤、悲伤、创伤、忧伤（同时也是快乐）事件——后者会引发当事者的俄狄浦斯犯罪感和伙伴的嫉妒情绪，而这种嫉妒情绪会造成夫妻之间的紧张状态。所有这些情况都会使得心理冲突、各种性成熟前的（虐待狂的和抑郁的）焦虑，尤其俄狄浦斯情结再次复活，但同时也会满足自恋的完整与实现的欲望和全能的幻想：在一处共同的空间（想象中的共同体的幻想居住形式）姘居或安家；以婚姻形式或依据连带责任契约（PACS）过着固定的伴侣生活；引见伙伴认识家人和朋友；表达养育孩子的意愿和制定具体计划（或两人有一方没有这种意愿）；一个或第一个孩子出生，伴侣向家庭过渡，双亲伴侣与爱情伴侣或夫妻伴侣之间潜在的冲突差异；随着多个孩子的相继出生，家庭规模扩大，也有可能发生想要的孩子丧失，如流产、夭折；由于不孕而造成无子女伴侣；家庭循环阶段，尤其是孩子进入青春期和父母俄狄浦斯冲突再度复发（réactivation）；个人的失败与成功，包括事业、社会关系、娱乐层面，也包括夫妻或家庭方面各种各样的损失；伴侣某一方身体发生变故，造成这种变故的环境和决定因素也应该在夫妻关系的运行及其对伴侣双方的心理经济学（économie psychique）

的影响的范围内加以考察。反过来，我们也可以考察这种个人的身体变故对于伴侣经济学和动力学方面的影响；同样还有严重的疾病，对于伴侣的子女和双亲伴侣与家庭动力学产生影响；子女的离开；一方乃至双方职业活动停止，导致对于退休者及其伴侣心理经济学具有多重影响的重要的升华活动（activité sublimatoire）的失去；孤独的伴侣生活；子女结婚，孙辈出生，伴侣成为爷爷奶奶，外公外婆。

超越夫妻关系的演戏：
造成危机的因素和/或解决危机的对症办法？

在男人和/或女人身上，"超越夫妻关系的演戏"或超越夫妻关系的冒险行为或爱情故事会出现在伴侣生活的不同时期。

实际上，为了迅速控制浓烈的爱情关系，它们会以防御的方式突然出现，因此，它是一种对性成熟前期那些意欲被爱情对象消耗、吞占，被对象-伴侣侵凌等幻想的防御方式。这就会导致第二伙伴（partenaire secondaire）的增多，带来个人或夫妻的危急时期。除此之外，如果伙伴一方以裸露癖方式让另一方观看或认可，那就属于非正常的既是裸露观淫癖也是施虐受虐狂的游戏范围，他的伙伴可以不言明地拒绝或接受。在后一种情况下，伙伴可以认同对方并从中获得幻觉上的满足——这样的情景适合无意识的角色分配，其中一方被指定以行动来实现另一方的幻想（卡伊斯所说的承载功能，2007），双方以两种不同的方式（直接的和幻觉的）获得满足。反之，如果有一方秘而不宣，达不到夫妻间那种完美的程度，可能会有一种更加个人的暗示意义，比如对去势焦虑的防御方式、受到干扰的被作为强制生殖关系对待的原始口唇关系、征服欲或对乱伦幻想的恐惧。我们也可以把它理解为一种缺乏经验的不满足，因为不能把一些倒错因素引入夫妻情欲生活当中，所以不能满足某些幻想。

在个人和/或夫妻危机时期，如果出现个性方面的脆弱，即伙伴的抑郁情绪或自恋否定，他/或她就会寻求这种在他人那里失去的自恋再保险和自恋认可。在这种情况下，寻求援助和自恋认可比情欲的满足更加重要。但是，人们还会寻求那种已经失去的、不再可能与其配偶重新获得的爱情状态，那种"蜜月"，那种"群体幻觉"随着时间的流逝而日趋淡化。这样，情欲和自恋就结合在一起。

这种演戏或这种故事也会出现对立的目的，力求使已经变为仇视对象的他人丧失资格，因为他成为自性（soi）的坏的和摒弃的部分的投射载体。

他或她在孩子出生以后会突然有情人变成双亲；这意味着伴侣的力比多经济学发生了翻天覆地的变化，新的母亲会对她的孩子或孩子们给予过度的投注，可能撤回对其配偶在情欲和自恋方面的投注，配偶新的父亲形象唤起了他对乱伦幻想的担心，他也会撤回男人的那种投注。

我同样要指出，在夫妻异性伙伴身上存在超越夫妻关系与同性恋伙伴的演戏和故事。这种复杂的情境在任何一个主体的冲动经济学当中都有明确的解释，及其随着生活事件的发展，由于同性恋和异性恋方面力比多投注的变动性而进行的修改。显然，其他的理解途径尚有待继续研究。

勒迈尔指出三种超临界演变的可能性

在有些情况下，伙伴相互攻击和撤回投注会加大，从而导致伴侣的解体和死亡。

在另外一些情况下，人们会发现伴侣内部存在一些超临界反应，伴侣各自的行为旨在排除可能出现新的冲突的一切根源，但是，由于缺乏相互投注和未能组织起新的"共谋"，他们在竭力保护他们的关系，同时严格限制撤回对于伴侣自身的外部投注，即便限制了自己的个人快乐。通常，伴侣新的功能通过孩子作为媒介来发挥间接作用，因为他们在自己的困难面前，尤其是在自己的病理状态面前，显得束手无策。从此，一些在伴侣之间不能自由传递的幻想和情感就集中在孩子身上。更为严重的是，伴侣的维系以共同放弃孩子为代价，伴侣双方把最初针对他们自己的怨恨转移到了孩子的身上。这样就给他们的演变带来严重的干扰。

最后，在第三种更为重要的情况下，伴侣重新建立起新的关系，由此而带来了危机的再创造和更具活力的结果，即便这种危机对于伴侣双方来说是一种痛苦的、破坏的现象。如果我们借鉴安齐厄的观点，我们会认为，伴侣作为一个群体，在其生活中存在一种在两个极即"群体幻觉"和"损伤幻觉"之间的游移现象，处在危机中的伴侣由于在其成员看来是一个坏对象，一个迫害者和阉割者，所以要对它加以防范。然而，无论对于要求伴侣在进行有益修复过程中具有创造性的主体间关系来说，还是对于应该保持足够的自恋投注的"夫妻群体"来说，危机已经形成。

因此，在勒迈尔看来，人类伴侣就其功能而言，应该被看作是一个结构体，而且由于在每一个个体身上表现出来的阶段更迭和不断更新理想对象的悲伤效果而有节律。它经历伙伴之间相互关系的结构–解构（organisation-désorganisation）和重组，这赋予了它动力学上的平衡特性。但是，这是关于伴侣的主体间的研究方法，而不是关于理想组合的群体的研究方法。

共同生活或夫妻文化与同一性的转化

共同生活意味着一个共同互享时空的创建，这个时空必然会与伙伴各自不同的时空处在一种紧张关系中。这里涉及幻觉的产生与传递的场域，涉及各式各样的升华与象征化，个人和夫妻在这些升华与象征化当中达成各种妥协形式，其具体表现为：创建和投注各种共同互享、分别互有差异的活动（职业的、职业之外的、休闲娱乐的）；转化共同的但并不互享的各种表象和观念（男人和女人的、伴侣中男女各自角色的，尤其是家庭的）；建立各种稳定而变化的交流形式、行为规范、家庭的组织和运行规则——调动两个伙伴的肛门性——、共同的理想和价值观、神话故事、包括性活动在内的逐渐演变成习惯的活动；制定各种夫妻制度。

我们还要考虑包括收入、预算、消费开支与方式、储蓄行为的投资等在内的夫妻经济的构成；分析权力的分配及其行使方式和不同的范围；关注投注的方式及其意识的和无意识的常在之地即"伴侣的身体包装"、伴侣之间私生活领域的投资游戏及其界限与外在世界、私密伴侣/公开伴侣之间的关系及其可能的分裂。最后我还要指出，时间的投注不论是互享的还是非互享的，他们的时间性（过去、现在、未来）不论是个人的还是共同的，对于夫妻生活来说都具有重要意义。这种夫妻文化会生成伴侣特有的同一性，即得到自恋投注的夫妻同一性，涉及夫妻共同互享的心理区分，如："夫妻自性"（soi conjugal），属于自恋心理区分，是夫妻冲突的储藏库和个人能量的聚合之地；"夫妻自我"（moi conjugal），关系到伴侣的日常现实和社会文化现实；它赋予"职能伴侣"以生机活力；最后，还有理想和超我（surmoi）的建立。

为了使我们对这种夫妻文化和夫妻同一性有一个明晰的理解，我会对某些特别的领域进行多学科的研究，如：家庭生活的构成和角色的界定；交流与交流的方式；夫妻冲突与夫妻生活的节拍；最后还有性行为，这是现代伴侣生活中的一个核心问题。

家庭生活的构成、角色的界定和个人领地的划分

社会学研究方法

对于伴侣家庭构成的理解不能脱离作为其基础的日常最基本的行为举止的动力作用，这些行为举止表现在所要完成的、对于伙伴双方来说有不同分工的每一项任务上：制订不动产计划和教育孩子属于高尚的任务，那些具有自动化性质的、日复一日重复的（家庭扫除、料理家务）、更为具体的像做饭这一类的其他事情则属于低贱的，甚至是降低自身价值的任务。然而，许多伴侣和家庭的职能是根据历史背景而发生变化的，据考夫曼观察，当今社会存在一种"不断外在化运动：越来越多的活动由各种社会力量、协会和服务性企业以承包的形式被委托和社会化"。[①] 这样一来，问题就出现了："什么可以委托，什么不应该委托？"[②]

此外，在对这种家庭职能提出质疑的同时，他认为，各式各样

---

① 见 J.-C. 考夫曼，前引书第 88 页。
② 同上书，第 88 页。

的任务的完成既有助于夫妻关系的日常建构，也有助于伴侣中"社会化"了的伙伴的同一性的建构。我认为，家庭职能这个概念属于"职能伴侣"（couple de travail）的范畴，这个概念最早由比翁在其"职能群体"（groupe de travail）中使用，后来被安齐厄重复使用。我现在要再回到这个概念上来。

什么是个人领地？平等分配家庭任务，这是一种十分新颖的观念，首先，谁担任什么角色需要共同策划。谁该干什么？通过个人领地进行分配成为主要的方法（比如一人负责做饭，另一人负责料理家务），而且理论上讲，这种方法与平等观念似乎并不矛盾。可是，考夫曼认为，虽然有这种平等的理由，家庭任务更加公平合理地具体分配的进展仍然十分缓慢。这时，他发现有一种互补形式来自于这样两个因素：一个是根据男性或女性（家庭体系中两个对立的领域）而定的有控制意图的性别差异；另一个是夫妻关系的运行，它会加大某些反差，使得个人领地界线更加明显，而且会加强每个人"同一性的协调一致"。他尤其指出两个领域存在同样类型的特殊性：女人料理家务的职能，男人提供资源的角色。

因此，在夫妻生活过程中角色的确立是一个非常复杂和变化不定的过程，这个过程与双亲文化模式的内在化和主体间关系的特殊动力交叉演进。任何一对伴侣的同一性都会因其在家庭系统中的角色分配而突显出来。

精神分析的方法

精神分析学家怎样论述这个问题呢？

格兰贝热认为，家务劳动最终的组织形态引发了伙伴们的肛欲性，同时也激发了他们对要完成的任务的投注能力，这是一种自恋的生活状态——家庭的内涵被设计为自我的延伸和伴侣的肉体包装，即共有互享的自恋对象——同时也是一种同性恋和升华了的施虐淫生活状态。俄狄浦斯后期（postœdipien）对于双亲形象的性别认同、对他们各自的家庭角色与他们的关系形态的认同和反认同（contre-identification）都有助于家庭角色和个人领地的分配，有助于夫妻间含而不露的幻想的传递。同样，完成这些任务在主体间关系和群体现实的背景下具有多种意义，自恋由此可以期盼被确认，魅力的表现形式可以发挥作用，犹如获得升华的性成熟前期的满足。

此外，如比翁和安齐厄先后的论述，夫妻生活的这个领域动用了所有伴侣的两个功能发展层次的其中一个层次，即职能伴侣（couple de travail）或技术极（pôle technique），它与另一个发展层次即基础伴侣（couple de base）或幻想极（pôle fantasmatique）形成互动。

职能伴侣在完成共同的任务当中，由于受到现实原则的支配和二次心理过程的功能逻辑的驱使，会表现出自我的特性。然而，这种有意识的合作显然不是唯一合乎理性的和从属性的（secondarisée），因为它同时受到有意识和无意识的激情和幻想的影响甚至干扰，这种激情和幻想既会起到刺激的作用，又会起到麻痹的作用。

关于能量的源与使用形式，除在上文提到的升华的力比多能量外，是否还有必要探讨有利于伴侣生存的冲动或自我保护功能的所谓现实能量的介入呢？

夫妻间交流的风格与形式

社会学研究方法

我将与社会学家们一道把"利益和服务"（biens et services）的

145

交换层面与交换、交流形式与发展层次的"波澜起伏"(flux)的复杂性区分开来。

伴侣相互之间每天都有无数的"利益和服务"在发生，编织着夫妻生活的网络。社会学家们揭示了处于不同地位的伙伴双方制定的构建规则和互补游戏。这样，由于社会阶层的不同，尤其是性别的不同，男性和女性对"财产和服务"的期待也各不相同：男性更多地追求身体和性的诱惑、即刻和自私的情感支持。与女性相比，他们更多地把自己的妻子当作要好的朋友。而女性则更愿意追求经济实力、感情和亲密的交流，情感的支持被纳入这样的表现形式之中。

考夫曼认为，这些交换属于复杂的主体间动力学范畴，可以制造出"共同的得与失"，其中，夫妻间的满足或不满足成为一种调节器。

根据伴侣历史的不同阶段，日常生活的不同环境，尤其是夫妻不同的情感和激情状态，交流的方式、渠道、信息和层次也是不同的，在某些情况下是固定不变的，在另一些情况下则是变化不定的。

考夫曼尤其对信息感兴趣，他提请我们注意，与固有的观念相反，伴侣间不可能什么都说，怎么说都行："强迫性规则规范和限制互相间的交流。"[①] 为了更好地理解这一点，他向我们介绍了信息的不同类型。

数量最多的信息涉及无关紧要的或重要的日常对话。这是人们维系主体间关系、建构、制造和维护伴侣群体现实、构建和证明其同一性的主要工具。不过，因为几句话，一个简单的对话会在言语表达的非正式"梦境"环境下转变成另一类信息，可能涉及谈话方向的转

---

① 见 J.-C. 考夫曼，前引书，第 111 页。

变，导致职能伴侣制定规划，可能作出重要的决定。

第三类信息通常会涉及夫妻关系的情感层面，它证实另一方温柔爱情的投注和"关心对方的能力"以及对于自恋的共同确认。

第四类信息涉及对于不满和冲突即愤怒的言语和对于分歧的"冷静"解释的管理。第五类信息涉及试图对伴侣关系本身进行分析、总结和作出可能的改变。但付诸实施显然是最困难的，因为它可能危及某些伴侣生存的基础。

表达的方式因信息的类别不同而各不相同。口头交流可以有很多变化，非口头和身体语言的交流特别在情感关系范围内使用较多。

在夫妻交流方面，考夫曼认同不同性别的表现形式。实际上，男性和女性并不是用同样的方式进行表达。女性的话题通常离不开伴侣和家庭，但往往会被男性出于其不同的立场而打断，男性很少提起的这些话题女性会喋喋不休，说个没完。女性说话更多一些，因为她们需要交谈和询问的东西更多。男性因对伴侣的关注相对较少，经常采取"沉默的逃避"和"隐秘的溜号"。男人在夫妻对话中更为中立，更愿谈论公共事件。那些对于严格意义上的夫妻期盼甚多的女性在交流当中不大中立，容易走向极端：积极的极端与其注重情感现象（笑，往往是微笑）有关；消极的极端（尖刻的指责）与其对于自己的期待有解释需求有关。由于同样的原因，她们发出的信息更明确，也更容易被理解。

精神分析的方法

交流的各种形式、发展层次和功能层面，都有助于伴侣的培养，有助于主体间关系中伴侣双方角色和同一性的构建，也有助于夫妻现实"营养物质"的生产和"长久存在"。显然，交流具有"实用的"（pragmatique）功能，但我们在此不展开论述。实际上，我们只是就其与群体和主体间相关的某些方面作了一些说明。在无意识角色分配中，有些交流的形式可能特别得到伙伴中一方更多的投注，这样的角色使他们直接和间接获得了幻想的满足。在口头交流中，代言者（porte-parole）的承载功能（fonction phorique）可以由两人中的某一人来完成，"代幻想者"（porte-fantasme）和"代行动者"（porte-action）的承载功能亦然。伙伴中的一方对口头交流的投注太多，会衬托出另一方的投注不足，后者出于各种无意识动机，宁愿投注于另一种如非口头的、形体的、触觉的和视觉的交流形式，即把行动当作一种交流语言。在这些无意识的动机中，某些文化和个人的复现表象将口头交流归属于女性，将行动归属于男性。口头交流如果出于种种神经症动机包含太多的色情，可能会作为无意识妥协而遭到抑制。在夫妻幻想充满了融合共生的复现表象的背景下，这种交流方式也会被觉得是对每个人的完整性的威胁，这会导致对它加以限制，从而使得夫妻关系的各个层面贫瘠化。肛门施虐淫期的攻击性冲动（常常是投射性的）在难以言状的夫妻危机环境下普遍存在，这与相互的自恋否定既相呼应，也很切合，有可能演变成"夫妻间的暴力"。复活的偏执-分裂样期的幻想和"施虐原风景"的幻想可能会隐藏起来。

　　冲突时的交流会反映出某种共同设计的场景，使每人在"重新构成的对抗"（affrontement reorganisateur）背景下获得自恋的满足——通过个性的重新确认和心理界限的加强——和性成熟前的、肛门施虐淫的和阴茎的满足。这种交流有助于在三个发展层次即群体、主体间和精神装置内个体之间的"调节"。

交流是伴侣认同的一个构成因素，伴侣间形成了习惯的交流风格，但是，由于伴侣一方或双方经历的变化，这种风格也会随着伴侣历史的发展而发生变化，同样，它也会因伴侣间存在的实际问题和他们的感情波动而发生变化，从而决定他们选择这种而非那种的信息传递方式、信息种类和信息层面。实际上，每对伴侣会建立起他们自己的交流模式，选择最适合的交流方式。

冲突

社会学研究方法

夫妻冲突的形式和原因多种多样。考夫曼在引用意大利社会学家多娜·弗朗切斯卡托（Dona Francescato，1992）的研究成果时特别提到了两个主要原因：夫妻间差异经营不当和爱情不复存在。

如我在前文所说，伙伴本来就是为了寻求互补，因此，差异并不会成为他们之间的问题。它之所以成为问题，是因为它与夫妻间的个人利益形成冲突，与夫妻计划不一致，或者在日常生活中，面对他们在行为、思维和感觉方式上的差异所造成的痛苦现实时，它让人感到"不舒服、生气"。多娜·弗朗切斯卡托同时指出，大部分冲突之所以会发生，是因为"伙伴突然发现无法接受对方的行为方式"，这加速了伴侣进入危机状态。考夫曼解释说，夫妻差异的这种冲突所带来的结果之所以存在很大的变异性，是因为夫妻间"认同效果（travail identitaire）的矛盾特性"而造成的。其实，他写道："伴侣是扩大的自我，是主体我（je）在出于爱心不愿批评伙伴的同时，投身（immersion）到一个两人经历的具体事实中，具有了否认差异的能力。但个人又不得不通过重申自己的界限来突然重新表现自己。冲突的解除（近乎快乐的）常常与这种简单的、让个人自我放心的表现联系在一起（通常与个人利益的诉求相关）。然而，冲突不能频繁发生，否则会有打破伴侣关系的风险。因此，犹豫是一种常态，它使得夫妻矛盾的处理变得尤其复杂。"[1] 这番论述更多地属于心理社会学而不属于严格意义上的社会学，它受到勒迈尔观点的启发，或者说特别迎合了勒迈尔的观点。

相反，爱情的不复存在就显得简单多了。实际上，婚姻周期是从初始的炽热爱情向温柔、默契、宽容的转变，是一种失物和伤怀的实际经验，一种需要实现的悲哀效果（travail de deuil）的必然性。在夫妻交流当中，女性感触更多的是缺少亲密，而男性抱怨更多的是性欲的减退——伙伴变得不再有吸引力，或不大感兴趣，或委婉拒绝。

此外，考夫曼注意到，在最近几十年中，由于伴侣的不稳定性增加，冲突的位置发生了变化，因为它可能引发伴侣关系的解体，而在过去，冲突只是稳定持久并被制度约束的婚姻中的一个组成部分，它有时甚至十分激烈，但前提是不再责难伙伴当初的选择。相反，今天伙伴间的暴力不得不自我控制，否则会造成关系解体。那么，如何使冲突不危及伴侣关系呢？变得几乎程式化家庭争吵，具有明显的调节效果，从而会避免或最终防止解体的危险。冲突作为不满的表达和处理方式，具有"解压"、发现问题、解释问题的功能，可能向有利于伴侣和伴侣双方的方向演变。

---

[1] 见 J.-C. 考夫曼，前引书，第118页。

精神分析的方法

我们不要忘记，所有的夫妻现实都是充满生机活力的，也就是说，在结构上是具有冲突性的。实际上，一对伴侣的构建和维系需要对下列各种基本冲突进行协商，使之缓和甚至加以否定：自我/恋爱对象、自我/伴侣-对象、同一性/相异性、自恋/对象性、情欲/破坏性冲动、自我保持/性行为、性成熟前期/性成熟期、男性/女性，心理两性性/性认同、伴侣/外部现实，尤其是私密伴侣/公开伴侣。精神装置内和主体间的妥协在动员各种防御进程时必然会发挥作用，妥协的本质具有动力学和经济学的性质，即处在运动和变化之中，因而具有脆弱性。所以，在对伴侣冲突进行精神分析之前，首先应该把所有的伴侣看作是活的现实，它具有动力学、经济学和场所论的性质，这个现实浮现在它的世界之外，是有利和不利现象产生的根源。由于个人的和/或夫妻间的严峻形势没有得到控制，导致妥协的不尽如人意，经济学的"量性"（quantitatifs）因素占据了上风，这将会造成个人和/或夫妻间的心理痛苦，这种痛苦表现为夫妻冲突的出现，具体体现在夫妻现实的一个或多个层面：精神、肉体-性和社会文化层面。这些冲突的表现形式不同，它们是多变的，更确切地说是带规律性的，向程式化演变。它们会通过不同的交流方式明显地表现出来，但也可能是潜而不露的，因为无意识的障碍阻碍了它的外在化。我们在治疗中可以通过协商，对心情紧张、沉闷，甚至忧伤进行反移情感受来幻想冲突的存在。

如果它们证实所有伴侣的冲突都是以一种动力学的"喧嚣吵嚷"方式表现出来的话，那它们也同样说明伴侣职能或多或少的失败。关于伴侣职能（travail de couple）这个概念，我们会在下一章里作具体介绍。

在可确认的功能中，勒迈尔提到了对于伙伴各方不足的个人边界的确定和强化功能。危急之中自恋和认同的确认就是通过这种方式表达出来的。但这也可以说是一种必须改变夫妻功能的表达方式。随之而来的是伴侣及其对象-伴侣关系的改变和重构时的功能，这要求他们具有创造性，以便为他们的自我保护服务。

伴侣的性生活或性行为

人类学的观点

我首先来介绍 F. 埃里梯关于性行为的基本观点。她指出，在传统社会特别是在非洲社会中，发生性关系和繁衍后代的权利被性能力活跃的一代人所控制和垄断，只有他们通过约定俗成的仪式和"神秘的允诺"才能逐步放弃这一权利。因此儿子的"生命力"来自父亲的生命力的削弱，女儿的生殖力来自母亲生殖力的削弱。必须使他们中的任何一方都不"超越"另一方。她强调说，"否则将是对祖先以及世代间和谐而顺理成章的继承的社会良俗的冒犯"[1]。对这些规则的破坏将招致社会和"神灵"的惩罚。

社会学的观点

博宗和其他一些学者认为，性行为不能由性学和生物学来解释。它的演变和社会的其他演变密切相关，对不同国家性行为的对比可以彰显出这些国家在历史上的社会差异。这些学者告诉我们，20世纪最后几十年中发生的巨大变革的特点是性行为的三个认同的衰落，这

---

[1] 见弗朗索瓦·埃里梯：《男性／女性》(*Masculin / Feminin*)，第112页，巴黎，Odile Jacob 出版社，1996。

三个认同是：性行为被认同于繁衍后代、认同于婚姻的确立，认同于异性恋；另一个特点是个体必须通过各种各样的妥协来应对大量自相矛盾的训谕（injonction）的出现：调和相互依存的需求和个体实现自我的需求；展现自我的自然性，同时要对自我加以约束；既表现应对环境的灵活性，又表现自我的自相一致性。此外，博宗还向我们揭示了各个国家与其社会历史和环境相联系的性行为的不同演变及其意义。各国在婚姻的构成、"年龄的社会结构"、性别关系的制度等方面可能本来就有很大的差异。在南欧国家中，女性和男性的世界一直以来界限明显，妇女就业人数相对较少，婚姻关系较为牢固，家务劳动分配极不平等，看待性行为的双重标准（体现在男女首次发生性行为的年龄差别）。北欧国家的情况则完全不同，男性和女性在这些方面的行为趋同，但婚姻关系在衰落。

下面，让我们与博宗一起就现代性行为的若干范式及其对伴侣所产生的影响来作一些探讨：

——性行为与生育的分离

随着时光的流逝，夫妻间亲密的情感日益加强，性行为在主体建构中成为一种人性的基本实践，从此，生育在其中占据了特殊但有限的空间。20世纪60年代以来出现的"第二次避孕革命"颠覆了人们的生育观念，生育被认为是由两人共同准备的、可以和其他计划结合起来制定的涉及人的计划。医学辅助生育（人工授精，试管受孕）为这种分离进程迈出了新的一步，从技术上使性行为脱离了其本来的属性。

——性行为的医学和心理学分析

在现代性行为实验中，医学、心理学和性学的论述与实践占据了主要位置，最初是创建一系列新的行为规范，让人必须关注自身性行为的功能，随着马斯特斯和约翰逊（Masters et Johnson）[1]在20世纪60年代的研究成果的公布，性行为成一种个人和集体的享乐。

—— 伴侣性生活的进程

博宗认为，伴侣性行为的进程很有规律：分为初始阶段和所谓的稳定阶段。

初始阶段系指开始共同生活的头几年，其特点为频繁和花样繁多的性活动，对爱情伙伴的专一性即忠诚极为关注。此外，这种性活动有助于伴侣作为主体间关系和群体现实的建构。

共同生活几年后便进入稳定期，此时的性活动逐渐演变成一种"维系伴侣关系的习惯"，一种"以象征和定期方式重申伴侣关系存在的私密仪式"。爱情和相互性欲望的减弱、养育孩子和职业方面的大量投注都导致夫妻性活动的减少，尽管它还具有重要的象征意义，但已不再是两人所关注的中心，甚至经常会出现无性欲期。此外，一旦发生婚外情，也不会像初始期那样对于伴侣的前景造成严重的后果。

—— 现代性行为领域里性别差异的因素

我们今天看到在大多数发达国家中，男性和女性的性经历和性态度正日益趋同，这一点，北欧国家更甚于拉丁文化国家，具体表现在女性在传统爱情上的被动性在减退，她们开始有了更多新的选择。然而，这种趋同化在现实生活中不尽相同，它取决于伙伴之间的权利关系和他们行为的社会评价。

---

[1] 威廉·H. 马斯特斯（William H. Masters）和维吉妮亚·E. 约翰逊（Virginia E. Johnson）在上个世纪五六十年代对人类性反应、性功能障碍的诊断和治疗进行了开创性研究，并在1966年和1970年出版了《人类性反应》和《人类性的不适应》两部著作。2009年美国电视连续剧"性爱大师（Master of Sex）"介绍的就是当时的情况。——译者

在由"新生的一致伴侣"向"稳定的分歧伴侣"的过渡当中，生育是一个决定性的开端。博宗强调，在抚育幼儿的伴侣中，男性和女性的期望具有很大的差别。

性行为的方式用社会表现的话语来说，就是将男性和女性明显区分开来，甚至将女性性行为和男性性行为对立起来，女性性行为被优先认为属于情感、性关系、生育和婚姻的层面，男性性行为被广泛认为属于自然需求、个人欲望和快感的层面。博宗认为，"尽管很多领域向西方女人打开了大门，但是，性这个领域不管是在表象中还是在实践中，都依然是一个属于安然理得的不平等主义的堡垒，在这个堡垒里，性别之间的差异和不对称似乎是完美实现性互动的条件"。[①]

精神分析的方法

因此我们懂得人类性行为既是一种"生物肉体的性行为"（bio-corporelle）、"社会性行为"（sociosexualité），也是一种"心理性行为"（psychosexualité）。

实际上，伴侣的性行为基本上是冲突的，是伙伴各方和伴侣自身在不同时段、不同程度地进行投注的对象，涉及格林定义为"色情链"的不同环节：自恋、柔情、情色和攻击性的投注倾向、快感-非快感的状态、性成熟前和性成熟期力比多的构成、心理性行为的不同伴侣、伙伴各方的两性性、男性和女性的性欲表达，充满情感的有意识和无

[①] 威廉·H. 马斯特斯（William H. Masters）和维吉妮亚·E. 约翰逊（Virginia E. Johnson）在上个世纪五六十年代对人类性反应、性功能障碍的诊断和治疗进行了开创性研究，并在1966年和1970年出版了《人类性反应》和《人类性的不适应》两部著作。2009年美国电视连续剧"性爱大师"（Master of Sex）介绍的就是当时的情况，第76页。

意识的复现表象、性成熟前的幻想（主体/对象融合、两性性、耗尽、吞噬等）和俄狄浦斯幻想（诱惑、原始和去势场景、乱伦幻想）增强了男性和女性的性欲望，从而引发了各种各样的焦虑（这些焦虑自身也是性成熟前的和自恋的），特别是交叉认同的游戏。所有这些都在性爱活动中发挥着作用，但是，某些现象会在伴侣各人的经历和生活的不同时期和阶段表现得更加突出一些。因此，性行为系指性成熟前和性成熟期的、异性的和/或同性的、直接的、隐藏在冲动目的中的，或间接的、幻想的、升华的和象征性的。伴侣性生活或性行为的风格是由伙伴双方共同创造的，因此它完全可能是发展变化的。

性行为除了直接的冲动性满足外，还有自恋的满足，它来自于在性成熟期性行为中得以实现的"自恋联盟"中感受到的完善状态。实际上，性成熟期的性行为实现了想象中的共同肉体（corp commun）的幻想，这是一种将伴侣确定为群体心理单位和双性性单位的自恋幻想，一种否定性别差异和其他一切差异的全能的幻想。

关于性功能障碍，结合个人的、主体间的和群体的意义关系，我要明确指出它是多元决定的。关于主体间的解释引入了卸载功能的概念，这个概念已经和"代症状者"（porte-symptôme）一起进行过研究。在此，我列举一些著名的意义关系（signification）：乱伦幻想的存在、对于关系紧张的限制（这方面存在丧失个性特征的融合的危险）、耗尽和吞噬的幻想、拒绝屈服于他人的意愿、对于丧失意志的担心，还有对于女性而言危险而又具破坏性的阴茎无意识积极幻想和对于男性而言危险的阴道无意识积极幻想。

关于性行为的说法众口一词是不大可能的，在此，我乐意介绍几位作者的相关论述，以使我们对这一广阔领域的复杂性窥豹一斑。

第四章　伴侣的"自然"史概要

现在，我们和 M. 费恩与 D. 布伦瑞克[①][1]来一起探讨关于性欲和色情性行为的定性问题，这是一件很难的事情，因为它们与性行为-发泄和对于自恋的融合-去差异化（fusion-dédifférenciation）的向往构成一种对立的关系。他们认为，欲望的形成是源于一种双重克制：即对于缺失对象的复现表象的克制和对于发泄的即刻需求的克制，它对于培育留住对象的复现表象的快感（欲望的快感）来说是不可或缺的。这样，他就可能将一种记忆保持型的自体性欲的核心纳入到欲望的结构当中，而这种自体性欲的核心会引发保持肛欲期记忆的快感，其条件是避免自恋的融合；然后，他将其对立因素即自恋再引入到欲望的心理加工当中。

他们认为，性关系的色情一面在于它是一种游戏，其目的旨在将性欲维持在尽可能长的时间里和最高的水平上。正是这种潜在的释放感而不是释放的实际过程构成了性色情的本质。

他们发现在爱情伴侣中存在这样的矛盾：一方面是自恋的相互投射和向往伙伴之间去差异化的自恋融合；另一方面是希望在足够的和必需的时间里维持色情欲望，有时辅以部分诱惑的倾向（如施虐和受虐色情狂），以使伴侣获得欲望释放的感觉。一旦经历了这种感觉，融为一体的想法就具有别的含义了。性高潮作为这两种对立目标

---

① 见米歇尔·费恩（M. Fain）和丹尼斯·布伦瑞克（D. Braunschweig）:《爱洛斯与安忒洛斯》（Eros et Antéros），Payot 出版社小图书馆丛书，巴黎，1977。
[1] 米歇尔·费恩（Michel Fain, 1917—2007），法国精神分析学家，主要著作（与丹尼斯·布伦瑞克合著）有:《爱洛斯与安忒洛斯》（Éros et Antéros）;《儿童及其身体》（L'enfant et son corps）;《昼与夜》（La Nuit, le Jour）等；丹尼斯·布伦瑞克（Denise Braunschweig, 1918—1998），法国女儿童精神病学家和精神分析学家。

的交汇点,是在这种结构性矛盾停止的那一瞬间出现的。

下面我展开阐述,尤其是源自于雅克利娜·舍费尔[1](1997①,2002②,2007③)的研究方法。她向我们揭示了伴侣性行为的丰富性和复杂性,把它纳入到男女伙伴之间既存在冲突、又存在性别差异的双重背景下加以研究。

首先,她认为女性和男性一样,在其一生中会经历"三个极(pôles)之间不可避免的对立:情色性生活、父母身份、社会价值的实现(réalisation sociale)",而且,伴侣内部每个人的对立机遇的建构方式各不相同。她注意到,对女性来说,性爱、母亲身份和社会角色的完成之间的对立具有男性生殖器的意义,特别地、持续不断地造成冲突,它与男性的这种对立截然不同,对于男性来说,力比多的发展、性爱和社会价值的实现,三者是相向而行的,是运动机能、征服和阴茎角色的完成之间的对立。

接着她提出男女交媾的假设,她认为,"快感的性行为"属于真实的心理作用,它尤其包括男女双方的共同设计,即在性别差异基本不对称当中相互"生殖器化"(se génitalisent)。这对于双方来说,都可能通过女性将其"女性职能"(travail de féminin)与色情受虐狂相

---

[1] 雅克利娜·舍费尔(Jacqueline Schaeffer),法国当代女精神分析学家。
① 见雅克利娜·舍费尔(J. Schaeffer):《女性的拒绝》(Le refus du féminin,1997),巴黎,法国大学出版社,Quadrige丛书,2008。
② 见雅克利娜·舍费尔(J. Schaeffer):《女性和男性对立的历程》,(Le parcours des antagonisme entre féminin et maternel),载《双亲的职责》(La Parentalite),巴黎,法国大学出版社,Le fil rouge丛书,2002。
③ 见雅克利娜·舍费尔(J. Schaeffer):《论男性与女性共同创作的可能》(D'une possible co-création du masculin et du féminin),载P. de Neuter of D. Bastien编《伴侣诊所》(Clinique du couple),Érès出版社,心理分析的现实意义丛书(Actualités de la psychanalyse),2007。

结合来实现。

对于女性来说，只有在超越女性性行为的基本冲突的情况下才具有这种职能。女性想要两种对立的东西。"她的性器官要求失败，她的自我怨恨失败"[1]。对于情夫来说，只要他的自我能够服从于力比多的不断冲动，他就会把这种冲动带进女性的身体，以展现和彰显她的"女性"。正是在彰显女性阴道的同时，认同了力比多的冲动，男性才可以使女性摆脱自体性欲（auto-érotisme）和性成熟前的母亲。这就是她很容易同时获得生殖器欲（génitalité）的理由，因为她得到了男性的帮助，但是，女性在这方面比男性有更多的不确定性，因为她要等待男性使她获得性高潮。这就使她变得更加依赖，使她觉得失去性对象比失去性器官对她的威胁更大。

对于男性来说，女性的职能在于任由持续的冲动控制他的阴茎，沉迷于这种冲动和唯一能使她获得性享受的性对象，这意味着他有能力用"力比多阴茎"去满足一个女人的欲望，从而发现和创造女人的"女性"。然而，他要暂时放松其肛门和阴茎防御，不畏惧与"母亲-女性身体的危险相关的幻想"。因此，男人在"他成为一个拥有力比多持续冲动"的人的时候便获得了他的男性。性别差异的非对称性因认同而被强化。男人也轮到自己生活在女性屈从失败的能力统治之下。

这样，我们就对什么是伙伴心理作用有了更好的理解，它旨在使一个"男人"和一个"女人"在性别差异基本不对称的状态下发生关系，享受"快感的性行为"。这是一种"冲动内射"和自我扩大的体验，因而是一体化的，但也是一种突变的、自恋和对象重组的体验。

---

[1] 同前书《女性的拒绝》，第26页。

伴侣及其要孩子的意愿

一些人类学的因素

F. 埃里梯认为，在传统的社会中，孩子并不像一件供伴侣或个人消费或感情投资的、仅凭意愿就可以获得的物品，即便孩子是一种经济资本和人寿保险。孩子更多被赋予了超过要孩子本身的传宗接代的愿望和责任。不能繁衍生命意味着中断了没有尽头的链条，也堵住了自己走向祖先地位的道路。因此，婚姻和生育是我们对先辈应尽的责任。根据流传很广的说法，要孩子是将社会实现的愿望投射到后代身上，使他们保持对先辈的怀念和祭拜。从这个角度来看，不孕症如同子女早逝被认为是最大的人生灾难。

精神分析的观点

我在此重申，对于任何一对伴侣来说，家庭幻想作为家庭计划的基础可能是不言自明的，也可能是明确表达出来的。

基本上属于情绪矛盾的和心理冲突的要孩子的意愿是自恋的和与对象相关的。希望给自己生一个孩子，希望有一个别人的孩子。"我想和你生个孩子，给我生个孩子，我给你生个孩子，我们生个孩子"。意愿这个表达心理的多义词有着丰富而复杂的含义，两性在这方面的差异十分明显。然而，每个人的俄狄浦斯情结都会构成要孩子的意愿的基础。无论对男人还是女人而言，都必须根据他们个人和夫妻的生存经历来考察他们要孩子的意义，必须在他们共同和个人的不同投注对象中来确定它的位置以及它在夫妻经济学和动力学中所起的作用。就女人而言，我会谈及使她们获得满足感和完美感的自恋因素、"填满她们女人裂缝"的阴茎因素，以及她们情欲和对象关系的构成要素与因此而产生的俄狄浦斯、母性和父性的共鸣。S. 富尔·普拉吉耶[1]（1998）注意到，在弗洛伊德的著作中，直到1924年（《俄狄浦斯情结的消失》），女儿要孩子的意愿体现了她对自己父亲的感情表达，这是乱伦幻想的孩子。在1925年的"转折"之后（《……的若干后果》），随后在1931年，1933年，要孩子的欲望成为阴茎欲望的替代词。

对于男人来说，性功能和性完整的自恋程度与通过子孙延续幻想达到永存（自恋的本质）的程度占据上风，他们每个人的原始自恋和他们的"群体现实"自恋都会在幻想中对孩子的必然的理想化即夫妻共同互享的自恋对象中得到延续。

相反，伙伴双方脆弱的自恋可能会因为孩子进入他们融合的两人世界而受到创伤和损害。

稍后，我们还要探讨伴侣不想要孩子的问题。

关于要孩子的意愿这个问题，有两位作者尤其通过对不孕症的研究进行了特别的阐述，他们是：莫妮克·比德洛维奇[2]（2002）和S. 富尔·普拉吉耶（1998）。

在《期盼中的孩子》①一书中，莫妮克·比德洛维奇认为，现代伴侣要孩子的意愿出于对个人和夫妻关系的美好憧憬。这种愿望通过个人的和

---

[1] S. 富尔·普拉吉耶（S. Faure-Pragier），法国当代女精神分析学家。
[2] 莫妮克·比德洛维奇（Monique Bydlowski），法国当代女精神分析学家，精神病学者。
① 见莫妮克·比德洛维奇（Monique Bydlowski）:《期盼中的孩子》（*Les enfants du desir*），Odile Jacob 出版社，2008。

共同的创造性梦想与意识的和无意识的幻想活动表达出来。对于这些内容,我将把它纳入父母身份的范畴来加以研究。她认为,年轻人要孩子的意愿来自以下三个因素的有机结合:对第一个爱情对象即母亲的原始对象的认同意愿;取代父亲身边的母亲,从他那儿得到一个孩子-礼物的俄狄浦斯意愿;最后是自我认同于一个作为诱惑者和母亲的女人的意愿,使她能遇到一个合适的、作为性爱对象的现实男人。

另外,她还向我们指出了另一个需要考虑的层面:女人对给予她生命的母亲有一种"生命债务"(une dette d'existence)的想法,新生的孩子完全是自己母亲的化身。因此,尤其通过第一个孩子的孕育,女人完成对自己母亲的"感谢义务",通常会把她们的第一个孩子交给母亲来抚养。

男人是怎样的呢?他们首先担心的是自己性能力的完整性(过度的自恋投注)和欲求能否再次得到保证。因此,要孩子的意愿和受孕一事对他们在这种情况下复活的去势焦虑具有保护作用,对他们的"自恋完整性"具有巩固作用。这里显然存在俄狄浦斯的意义:要孩子意味着他在无意识中成为一个父亲从而取代了自己的父亲,这使俄狄浦斯冲突和焦虑的负罪感重新复活。要孩子的欲求同样符合通过生育和把孩子当作血统和传宗接代的象征来实现永存的自恋欲求。

最后,要孩子的欲求可以揭示出男人身上的女性-母亲因素,这和他们伙伴的女性-母亲因素产生和谐的、潜在着冲突的共鸣。

S. 富尔·普拉吉耶在其《无意识的婴儿》[1]一书中首先把当今社会出现的一种诉求,即"要孩子的权利"和要孩子的个人欲求作了合

---

[1] 见S. 富尔·普拉吉耶(S. Faure-Pragier):《无意识的婴儿》(*Les bébés de l'inconcient*),巴黎,法国大学出版社,《精神分析实例丛书》(*Le fait psychanalytique*),1998。

162

理的区分。对于大多数女性来说，"诉求"和"权利"表达了一种与社会期望相一致的、正常的担忧，同时也表达了她们作为成年人应该完全受到重视并应该对丈夫和家庭担负责任的意愿。在 F. 埃里梯看来，这与传统社会的表现是相一致的。关于要孩子的意愿这个主题，她观察到两种倾向的分离——女性的性投注和要孩子的意愿——两者平行地缓慢发展，有时交叉但互不混淆。

有没有一种手段，一种"转换生成的对象"（C. Bollas 语）被用来消除陈旧的痛苦，而不是作为解决问题的办法呢？这是否是对弗洛伊德所谓的"女性去势"（castration féminine）的修复呢？S. 富尔·普拉吉耶指出，"这样，要孩子就不只是为了他自己，孩子同时也作为阴茎品质的载体。我的女性问诊者试图通过孩子来认同一个充实的、心满意足的母亲形象，好像她们一直以来都没有自己的这种形象。她们寻求的是母性的男性生殖器特性而不是男人的阴茎"[①]。她这样描述要孩子的自恋程度（dimension narcissique），因此，在格兰贝热的思想里，这种自恋的最完美的目标通过阴茎体现在女人的无意识之中。

从伴侣到家庭：孩子的降生

人类学观点

M. 戈德利耶[1] 观察到，"在任何社会里，没有一个地方，一个男

---

① 见 S. 富尔·普拉吉耶（S. Faure-Pragier）：《无意识的婴儿》（Les bébés de l'inconcient），巴黎，法国大学出版社，《精神分析实例丛书》（Le fait psychanalytique），1998，第 108 页。
[1] 莫里斯·戈德利耶（Maurice Godelier, 1934— ），法国当代人类学家。

伴侣

人和一个女人仅凭他们一己之力就能生育一个孩子。在不同的社会里，他们用各种物质（精液、经血、脂肪、呼吸的空气等等）共同生产出来的只是胚胎而不是具有人性的、完整的和存活的孩子"[1]。要使胚胎变成孩子，必须有其他比人类更强大的因素——逝者、祖先和一般来说不可见的因素如灵魂、思想与人类进行合作。

此外，无论在任何地方，"普通人类"的制造一般都需要通过两性发生性关系，不管社会认定男女在这个制造过程中各占的比重有多大。还需要指出的是，所有社会都接受这样一种观点，即有些孩子的出生无需女性与另一个人发生性关系。但这是指一些特殊的情况，它们对一些社会的政治-宗教世界的建立具有重要的意义，但并不符合常规。

另外，戈德利耶认为，所有这些关于人类制造孩子的过程的解释都自觉地承认基本的社会功能，即首先把要出生的婴儿置于三个关系之中。因此，他在社会宇宙（sociocosmique）领域有自己的位置，比如，他成为希拉（Sila）的孩子，在因纽特人眼里，他便是世界的主宰，因为希拉已经给了他灵魂和呼吸的空气[1]；与此同时，他就会被置于一个社会和道德的世界，尤其依照他们社会管理后代的规矩，他从一出生就属于一个或数个亲族关系集团，他将根据自己的规则、权利和义务来维持亲戚关系；最后，根据他的性别（男性或女性），他马上被划入一个性别的等级，确定其相对于另一性别个体的优越的（甚至是统治的）或低下的（甚至是被统治的）地位。

---

[1] 见 M. 戈德利耶（M. Gedelier）:《双亲的变化》(*Métamorphoses de la parenté*)，巴黎，Fayard 出版社，2004，第 325 页。
[1] 希拉（Sila），因纽特人神话中的空气之神，代表天空、风和空气。

社会学观点

F.德·森格利认为,现代家庭——建立在爱情和信任基础之上的持久的情感和个人关系的场所——作为一种制度在继续促进社会的生物与社会再生产的同时,还具有另外一种功能,在我们的个人主义社会里,它已经成为一种核心功能,即构建个性化认同与"发现儿童自我"的功能。实际上,现代家庭承担着生产"现代"个人的责任。

现代父母的角色

教育功能从过去对孩子进行道德束缚向现在注重个性开发的过渡带来了整个家庭关系的改变。为了适应新的教育原则和目标,父母亲不能再扮演传统的角色了:女人留在家中当女主人,照顾孩子,用温情的方式教育孩子要听话、懂礼貌;父亲挣钱养家,代表了一种威严的形象。今天,我们尤其看到父亲模式的瓦解,"服从-威严"的伴侣模式不再受推崇,人们注意多和孩子接触,对于现代父亲们来说,新的挑战是懂得与孩子亲密相处,同时担负起与外界社会打交道和使家庭规矩社会化的职责。

男人承担着"不霸道"但有威信的角色,这是他的地位的基本特性,他需要得到伙伴的配合才能扮演好这个角色。他和孩子少有双重的特权关系。另外,父亲与母亲的不同还表现在他的教育时间的不同和实际照料孩子的时间的长短上,尤其表现在如何安排自己的时间上。实际上,男人们都试图将时空加以划分,把用于工作和非工作的(家庭的、夫妻方面的和个人的)的时间区分开来,不能相互混淆。他们试图保留与家庭生活不同的自己的私生活。F.德·森格利明确指出,很多男人认为工作时间是一种间接的照料孩子的时间形式,因此,父亲的职业工作是父亲角色的不可分割的一部分,他是维持家庭生活水平的主要责任人。他在职业方面的投注是首要的，它构成了男性的同一性，而远不是女性的同一性，尤其构成了男人-父亲的同一性，而远不是女人-母亲的同一性。这样，双亲之间就有了差异。此外，男人在给自己确立事业有成、惠及家庭的目标时，他对家庭的投注方式是自相矛盾的。因此，男人的"家庭自性"（soi familial）与女人的"家庭自我"不同，他们这个家庭自我同时也可以理解为"个人自我"（soi personnel）。他们的家庭同一性并不主张男人经常在家。

与父亲相反，母亲的时间概念就模糊得多。按照社会约定俗成和个人内化的界定，做母亲就是服从支配。女性的时间性表现为没有界限，这一点甚至使她们在职业工作方面也受到侵害。对于女性来说，照顾（care）他人的劳动几乎占据了她们的全部时间（至少在家里是这样）。这符合她们在家里服从支配的时间概念。母亲的职业生涯只占据了次要的位置，它不具有和男性职业生涯同样的认同感，对于男性的这种职业优先性我在前面已经强调指出。我在此再次引用温尼科特的观点，他指出，女性和男性不同，她们的付出是"持续性的"，能给予孩子持续存在的感情，这就是女性的同一性。

精神分析的观点

一个孩子的降生是个创伤性事件，不管在动力学方面还是在经济学方面，都打乱了伴侣及其成员的心理机能，各种冲突被重新激活，从而引发他们的焦虑和相应的防御，使他们转移投注倾向，激发了他们有意识、前意识和无意识的幻想活动，致使他们修改认同游戏。

关于伴侣双方俄狄浦斯情结问题的重现，我要指出，对于父亲

第四章 伴侣的"自然"史概要

来说，对俄狄浦斯父亲的认同是可能的，或许是困难的；但对于母亲来说，对俄狄浦斯母亲的认同则带有乱伦的幻觉，即和/或为了父亲，和/或为了母亲创造了这个孩子。值得注意的是，由此而产生了嫉妒和与孩子的兄弟（姊妹）之争，他们每个人的兄弟（姊妹）情节被激活，尤其是父亲的这种情节，有一种父亲可能被母亲排除的感觉。

我还认为，这里可能存在丈夫对其妻子的母亲身份所产生的嫉妒冲动，这种冲动可能是隐含的，也可能是言明的，它折射出丈夫那种被重新激活的做母亲的女人欲望。

我现在要指出的是，为了维持危急的伴侣关系，伙伴一方可能转而会对孩子产生敌视情绪，同时，可能转而会对孩子有爱恋的感情和美好的愿望，希望孩子能使他的父亲或母亲满意，但这在性伙伴关系中已经不再可能了。

现在，我们面临如下几个问题：孩子在双亲各方的心理空间和夫妻的精神现象中占据什么位置？他会属于什么类型的投注对象？他会形成什么样的表象，伴随这些表象的是什么情感？哪些认同和投射的情绪会发挥作用？伴侣和双亲各自又会赋予他哪些功能和角色？

父母亲和伴侣将如何扮演双亲角色？双亲和他们子女之间会建立起什么样的无意识联盟？这个联盟会对伴侣各方和新的家庭空间造成哪些经济学、动力学和场所论的后果呢？

对于恋爱伴侣或夫妻伴侣和双亲伴侣来说，他们之间会形成什么样的新型对立关系呢？

我在此选了几位作者，试图通过他们的观点来回答上述问题。这样，他们的见解对我来说十分珍贵，具有重要的补充意义。他

167

们是：C. 帕拉、M. 费恩和 D. 布伦瑞克，还有研究双亲问题的专家 S. 莱博维希[1] 和 L. 索利斯-庞顿[2]。

卡特莉娜·帕拉"生殖期俄狄浦斯情结的结构"（1967）

C. 帕拉认为，俄狄浦斯情结的结构特点是三角体系中的双重关系：与伴侣中异性伙伴的异性恋关系和与伴侣之外的"他人"的同性恋关系，这里的"他人"包括他们的孩子。从这个角度来看，孩子是双亲双重投注的对象，一方面，孩子从出生之始就作为一个"他人"，另一方面，作为投注的对象，随着孩子自己的成长在演变，最终将加入前者行列。独立之后，孩子成为一个"他人"，属于"他人们"的世界（monde des "autres"）。

孩子自出生起就对父亲和母亲具有双重价值：

—— 直接的对象价值，首先是自恋对象，特别对母亲而言，孩子是其身体的组成部分，因而给予他这样的投注，这对于孩子的自恋构建具有决定性意义；接下来是性成熟前的（口唇的、肛门的和阴茎的）的对象，因为随着他的发育而表达出来的要求和需要在他母亲身上，（有时也在父亲身上）产生共鸣。

—— 在男女爱情关系中，伴侣的孩子具有俄狄浦斯对象的不同价值。

对孩子投注的原始类型的这两种演变将使这样一种关系建立起来：它会逐渐使孩子在俄狄浦斯情结的三角结构中成为"他人们"（les autres）中的一个具有第三者价值的他人（un autre）。这会使他形成一种真正的三角的可能性，然后构建起俄狄浦斯情结的结构形

---

[1] S. 莱博维希（Serge Lebovici，1915—2000），法国精神病学者和精神病学教授。
[2] L. 索利斯-庞顿（Leticia Solis-Ponton），法国当代精神分析学家。

态。由此可见，孩子有助于三角体系的维持，因而也有助于双亲伴侣的俄狄浦斯平衡。

米歇尔·费恩和丹尼斯·布伦瑞克

两位作者在《性爱与安忒洛斯》（*Eros et Antéros*，1971）一书中向我们指出，父亲和母亲在投注与父母角色方面都有本质的不同。

他们认为，这里存在两种本质的力量：母亲的母性本能（女性性活动的一个方面）和父亲要尽早在母–子关系中建立俄狄浦斯情结结构的意愿。

他们指出，婴儿的自体性欲与其母亲的女性性兴趣的恢复是同步出现的。因此，在这种自体性欲中，婴儿等同于一度曾重新成为淫荡女人即父亲-配偶的女情人的前母亲（ex-mère），他们称之为"女情人的压抑"（la censure de l'amante）。自体性欲好像一种防御快感，期于避免出现因母亲的缺失而造成不完整的后果，如同孩子的一个防兴奋系统，是在放弃母亲给予的自恋掩护的意识中暴露出来的。

"孩子的母亲和父亲的妻子是两个几乎没有共同点的身份。当母亲放弃对自己孩子的投注，转向她的男人时，她重新投注的对象并不首先是这个男人，而是她自己。这样，她就盗走了孩子的一部分自恋，以此来掩饰自己。"[1]

一般来说，母亲作为阴茎自恋和父亲戒律的调和者，掩盖女孩和男孩的女性性，"发掘"男孩的阳刚之气。实际上，她是以一种原始的方式竭尽全力抑制她儿子的女性倾向。而父亲则不然，本质上来

---

[1] 见米歇尔·费恩和丹尼斯·布伦瑞克:《爱洛斯与安忒洛斯》，巴黎，Payot 出版社小图书馆丛书，1971，第 39 页。

说，他对男孩特别是对长子的态度基本上是双重性的，带有俄狄浦斯情结的。"他利用俄狄浦斯仇恨来激发他儿子的阳刚之气"，"努力尽早通过母亲对长子不可言状的爱意的记忆痕迹（trace mnésique）来浓缩违抗（transgression）的概念"[1]。

对于女孩来说，父亲在她身上的自恋投射应该有助于她自身女性自恋的构建。除此之外，由于没有阴茎，她被引向投注自己的身体而不是阴道，在很大程度上，她把自己的身体作为自体性欲的爱情对象，这对她所经历的自恋创伤会是一种补偿。母亲强行的反应性教育（如爱清洁和惹人反感）有助于女孩爱美之心的树立，使她懂得肛门因素的整合（intégration）相对较晚，而"肮脏"和"丑陋"的观念并不重要。

父母身份的建构

L. 索利斯·庞顿[2]（2008）认为，作为一个心理过程，要孩子的意愿和计划开始了父母身份的建构，这个建构的具体表现就是孩子使其父母有了父母的身份。

S. 莱博维希（2002）则认为，"父母身份（parentalité）与生物学上的血缘关系（parenté）是截然不同的：作为亲属，必须首先自我做好功课，懂得自己从亲生父母那里继承了某些东西"[3]。这种世代

---

[1] 见米歇尔·费恩和丹尼斯·布伦瑞克：《爱洛斯与安忒洛斯》，巴黎，Payot 出版社小图书馆丛书，1971，第 36-37 页。
[2] 见 L. 索利斯-庞顿（Leticia Solis-Ponton）："从夫妻伴侣到双亲伴侣：个人间布满地雷的道路"（Du couple conjugal au couple parental : un parcours semé de mines interpersonnelles），《对话》（Dialogue），图卢兹，Erés 出版社，2008，第 19-30 页。
[3] 见 S. 莱博维希（Serge Lebovici）："索利斯-庞顿与莱博维希的对话"（Dialogue Leticial Solis-Ponton/ Serge Lebovici），选自索利斯-庞顿（主编）：《亲属关系》（La Parenté），巴黎，法国大学出版社，红线丛书（Le fil rouge），2002，第 10 页。

传承也会使他想到自己将来的后代首先是一个想象得到的孩子。这一点我在后面还会论及。此外，他认为妊娠激发了父母的原始自恋，这使他们能够成为好的、幸福的、能够扮演双亲身份的父母。他引入世代家族史（histoire transgénérationnelle）、世代委托（mandat transgénérationnelle）和生命树（arbre de vie）等概念，都是用于有关父母身份这个广阔的领域。"世代史既包括父母、祖父母常常充满矛盾的历史内容，也包括想象中的孩子。所有这些内容都会集中到传给孩子的世代委托这个问题上。"孩子会肩负起这种委托，但在不久的将来会和他的父母一起对其加以修改。在每一位做父母的头脑里，婴儿的复现表象是什么？在对 S. 莱博维希的观点进行归纳之后，L. 索利斯·庞顿参照每一位父亲或母亲的家庭史和婴儿史以及他们的各种认同，提出关于四种表象的建构，但他知道在现实中，更确切地说，这种建构是一种混合加工。它涉及假想婴儿、幻觉婴儿、自恋婴儿和文化婴儿的复现表象。

所谓假想婴儿，系指母亲有意识和前意识地假想的婴儿，这个婴儿体现她自孩提时就建构起来的想要孩子的意愿。莱博维希认为，妊娠期的母亲会对即将奉献给丈夫的孩子加以想象。其中，名字和性别的选择占有重要的位置。因此，选择名字有时是一件很难的事情，名字蕴含着很多内容，如一个秘密，一起自杀，或一个英雄，孩子被无意识地赋予了这些内容，他将继承这笔对他的未来至关重要的遗产。因此，莱博维希认为，假想的孩子肩负着传承世代家族史的责任。

幻想婴儿是母亲无意识幻想的承载者，常常与母亲的俄狄浦斯情结问题的相关冲突联系在一起。对于孩提时经历痛苦的女性来说，这种复现表象可能会表现为对畸形、死亡和可能被一个怀有敌意的灵魂从内部吞噬的担心。自恋婴儿系指与母亲自恋情结相联系的婴儿。

最后，文化婴儿是文化的复现表象，这种文化是每个女性都具有的，它关系到母亲和儿童，关系到孩子带着权利和义务融入血缘关系群体的种种方式。现实婴儿在出生时会引发父母各种情感，父母会不可避免地拿他与"心里的婴儿"（enfant du dedans）的种种表象进行比对，心里的婴儿在与现实婴儿的交换中过程中，会随着假想和幻想的境域而出现混淆和替换。婴儿的降生开启了家庭的新三角——由于多种因素（行为、情感、幻想和象征）的相互作用而充满活力，婴儿会在这个新三角内找到他作为变因（facteurs variés）的决定性位置——，同时也开启了从夫妻伴侣和爱情伴侣向双亲伴侣过渡的一个批评和"变化"的时期，其中，由孩子自身完成的"父母身份化过程"（processus de parentalisation）起了重要作用。

在这个三角中，母亲扮演着带有冲突性的双重角色，她即是母亲又是妻子，她游走于婴儿和丈夫之间，他们轮换着成为这个创建的三角中的第三成员。因此，她被夹在"原始母亲的烦恼"和有过之无不及的"女情人的压抑"（la censure de l'amante）之间。

母亲对婴儿需求的原始适应使得成对关系得以建立，在这当中，父亲在角色转换的背景下，扮演了第三者的角色。但这个父亲依然存在于母亲的心里，这是一种心理的、幻想的、包含了母亲的父亲的存在。

此外，L. 索利斯·庞顿认为，"女情人的压抑"把孩子带进了双亲身份的三种区分中，即自我/非我的区分；性别的区分和辈分的区分。最后，她认为，"夫妻伴侣向双亲伴侣的过渡是一种自然转变——

因为这是以生物的力量完成的；也是一种早熟的转变，因为早在伴侣筹划要孩子的时候，人类的自然身份（condition inachevée）就把这个过渡变成了一种考验：这是个自相矛盾的考验，因为为了在一切顺利的情况下能够在精神装置内和相互心理上达到一个更加成熟的功能层面，双亲的无意识生活因素会导致倒退和前进的心理情绪（mouvements regressifs et progressifs）"。[1]

对于我来说，我将以下列方式来研究爱情伴侣和双亲伴侣的结构性冲突所带来的积极的和消极的后果。

双亲伴侣和家庭会摧毁爱情伴侣。两个伙伴之间没有了情色关系，只有温情和近似于兄弟和/或朋友间的关系。这样的伴侣已经成为一个双亲小组。

但是，双亲伴侣也可以由孩子来"建立"，在这种关系因各种原因处于解体的危险时，孩子会起到维系的作用。因此，每个人都可以通过母亲身份和父亲身份的"满足"来获得快乐，但相比之下，爱情关系却被背弃，因为爱情关系的经历充满了危险、侵害，甚至人格的解体。孩子在扮演分离-分化这样的第三者角色的同时，会在情人双亲之间制造一段保护和拯救的距离。因此，孩子和父母身份的理想化可能不利于夫妻间的爱情。反之，父母身份处于危机中的爱情伴侣会抨击双亲伴侣，因此会抛弃孩子，把孩子看作是入侵者和破坏者。这与融合的夫妻功能有关，或者是因为他们这种功能受到孩子的破坏性和双亲由于"违抗"（transgressive）创造一个孩子而造成的共同俄狄

---

[1] 见 L. 索利斯-庞顿（Leticia Solis-Ponton）："从夫妻伴侣到双亲伴侣：个人间布满地雷的道路"（Du couple conjugal au couple parental : un parcours semé de mines interpersonnelles），《对话》（Dialogue），图卢兹，Erés 出版社，2008，第 25-26 页。

浦斯负罪感的双重威胁。因此，这个孩子该遭受处罚！这是唇齿相依、心心相印的两个伙伴对于原风景和阉割的幻想的复活表现，也是对于孩子的认同过程的活性化。

无子女伴侣："自由选择"或不孕

人类学观点

如我在前文所述，在传统社会里，无子女伴侣作为个人和／或伴侣意愿的自由表达是难以想象的。我们知道，不传宗接代就意味着割断了一个没有尽头的链条，而且自己也无法获得先辈的地位。生育如同婚姻一样，是我们对祖先应尽的义务。

F. 埃里梯指出，"在很多地方，不孕症至今被自然地认为是女性的问题"。因此她强调说，"这涉及性别的社会关系问题"[①]。实际上，除去阳痿的原因，事实上的男性不孕症并未得到承认。这样，夫妻不孕的全部责任就都归咎于女性，特别归咎于她们不幸的个人命运。

在传统社会里，能使少女获得女人地位的既不是她的失贞、婚姻，也不是她的母亲身份，而是她的怀孕。只要她怀孕了就足以获得这个地位，她后来是流产还是生下了孩子并不大重要。因此，不孕的女人不被认为是真正的女人。她们好像从未来过这个世界。

她观察到，人们关于不孕症的原因和生殖力的理由的论述，表达了世界、人体和社会之间的一种自然的、让人觉得密切相关的相同性，它们有可能从这个层面转移到另一个层面。这种相同性通过变化

[①] 见弗朗索瓦·埃里梯:《男性／女性》(*Masculin / Feminin,*) 巴黎，Odile Jacob 出版社，1996，第 89 页。

的象征内容和认同的正式规则表现出来。不孕首先被看作是一种记录在身体上的社会惩罚,如同那些触犯法律、标新立异、超越被严格划定的界限的行为。"三种主要的错误行为受到这样制裁:以不洁和粗暴的方式交叉辈分、交叉血液、交叉种类。"[①]

精神分析的观点

我把无子女伴侣分为"自由选择"不要子女的伴侣和基本上由于精神病理学上和医学上的原因而被迫放弃要孩子的无子女伴侣。下面我们来讨论不孕伴侣及其多种决定性原因。

"自由选择"不要子女的伴侣

如何理解当今个人主义盛行的西方社会里这种不想要孩子的愿望呢?这一选择在很大程度上与我们的社会有关,因为我们这个社会是一个建立在个人的欲望、思想和行为,特别是追求真实、实现自我和掌握私人生活的欲望至高无上的基础上的社会。然而,现代人在伴侣关系中必须屈从于自相矛盾的而又必须解决的问题:个体性的实现/相互关系的需求、自然性/自我控制、适应环境/自我协调。这种价值观和思想行为规范模式的改变是和社会制度与社会道德的约束,亦即法律及其结构性象征权利的明显衰落相关联的,这种衰落会逐步影响到家庭、伴侣和个人。此外,我在前面多次提到分裂或分离的种种现象,如:性行为-生育、性行为-婚姻或夫妻关系、性行为-爱情、淫秽性行为-性行为-发泄、淫秽性行为-洁净性行为、夫妻关系-异性

[①] 见弗朗索瓦·埃里梯:《男性/女性》(*Masculin / feminin*,)巴黎,Odile Jacob 出版社,1996,第 130 页。

性行为。同样，时间概念也发生变化并被如此分割：实际上它似乎碎片化，主体的生活节奏加快，注重稍纵即逝的现在，追求及时行乐，没有过去，不计长远的太让人担忧的未来。

所有这些都告诉我们，普遍产生影响的是自恋和性成熟前的因素、原发心理过程、与缺乏俄狄浦斯和生殖器因素密切相关的全能快乐原则、二次心理过程和证实具有一种以明显的自恋与性欲倒错为特点的功能的各种升华和象征。

所以，在对决定性的心理存在提出质疑之前，我要首先指出，现在不要孩子的选择是我们社会的征兆，它以另外一种方式证实要孩子意愿的基本双重性质。

这个选择可以是男人的选择或女人的选择，也可以是两人共同的选择。一方明确提出的选择尽管会被另一方否决，但也可以有意识地表达一种被拒绝的无意识消极意愿。这意味着伴侣主体间存在一种无意识结构，在这个结构中，两位伙伴中有一个人完成了伴侣不想要孩子的代言人的承载功能。过于密切的共生-融合的夫妻结构会把孩子当成一个外人，一个侵入者，一个破坏者，一个复活了被迫害幻想的迫害者，同时也是一种淳朴的兄弟情结。从群体的观点来看，我们可以想象到持久维系群体幻想形式的必要性，因为所维系的是一种夫妻的全能状态，这种夫妻全能与去除迫害原风景的实际创伤经验有着密切的联系。

我们再来看看伴侣和伙伴的投注对象，他们不允许给新的对象即潜在的破坏者留出位置。他们的个人完善欲望可能不通过父母身份来实现。这一点我同意，但是，他们各自的俄狄浦斯问题是怎么样的呢？这个问题是怎样在他们主体间结构内展开的呢？原风景中对父亲或母亲的认同取代他们的位置，必然会出现一些需要避免的危险，阉割和失恋的焦虑会复活，超我的惩罚会十分严厉。我们可以设想，假如孩子们永远停留在父母的溺爱当中，因而愿意延长自己的童年，那就不会有俄狄浦斯冲突和阉割的焦虑。还有，担心对施行暴力虐待孩子的父母的认同，至关重要的是害怕伤害他们也认同的自己可能有的孩子。此外，我们还可能遇到一些没有超越俄狄浦斯冲突的伴侣，他们有着强烈的固恋（fixation）表现，比如会导致被认同为小女孩的俄狄浦斯女性选择一个代表父亲形象的男人来使自己获得满足。她不会成为一个母亲，他也不希望有别的孩子。我们也应该考虑到相反的情况。在"兄弟情结"的伴侣中可能存在另外一种情况，他们每个人都表现为自恋双性复体，自我获得满足。一个孩子的出现可能会重新激起他们强烈的欲望、竞争和嫉妒的情绪。最后，选择不要孩子的思想根源也是一种敌对和暴力的冲动，它会导致血统和家世的终止。

不孕的伴侣

对不孕的界定是，在无避孕措施或停止避孕发生性关系两年后要孩子仍然失败。

不孕往往妨碍了超越俄狄浦斯冲突，伴侣可能会经历失败，会意识到自己对遭受迫害、抑郁和阉割感到焦虑。伙伴双方常常觉得自己永远停留在童年时代，与别人相比，自己偏偏有生理缺陷，觉得很不公正。这时可能会出现这样的情况：伴侣一方出于一种无意识欲望，会把敌视投射到对方身上，使对方做母亲或做父亲的幻想破灭；受虐色情狂或自我惩罚的满足与实现乱伦欲望的幻想密切联系在一起；伴侣产生无孩子的无意识夫妻欲望，因为他们每个人都自认为是一个未来的坏家长；俄狄浦斯负罪感可能阻止他们每个人认同一个同性的家长。最后，从传宗接代的角度来看，家里亲人去世可以禁止或掩盖生育。此外，通过不孕来赎罪的耻辱和过错（对祖先犯下的罪孽的洗刷）可能会导致家族断种。

我们要把女性不孕和男性不孕区分开来，对于后者我将在后面作简单的论述。

当女性没有怀孕迹象时，人们首先会通过医学手段从身体器官上寻找原因。S.富尔·普拉吉耶对女性不孕症有过专门的研究，她认为，不管不孕女性的身体器官以前是否遭受过损伤，必须同样在心理动力学方面对她们进行治疗，因为她们反映出相同的无意识冲突。因此，心因性不孕症（stérilité psychogène）的概念更多地被界定为一种疾病，系指存在于所有不孕症中的心理特征。她认为，尤其在生殖领域，心理和生理上的混乱是有规律的。实际上，心理现象可能会引起器官病变，生理畸形反过来会影响心理功能。这样，不孕症可能会造成一种实际的循环，心理和身体的相互影响会遵循自动循环的规律。因此，不孕症既是因又是果，身体和心理自动孕育了它们的畸形。

她指出，如弗洛伊德所说，不孕症可能源于俄狄浦斯情结的冲突，其症状表现为子宫恐惧症（hystéro-phobique），期待中的孩子可能就是与父亲乱伦幻想的孩子，即俄狄浦斯孩子。但是，对竞争母亲的报复的担心可能会阻止这种受孕意愿的实现。

然而，她特别指出，在遇到全能的、侵入的、迫害的母亲意象时，也存在一种强大的、敌意的反投注力量。为了介绍这种存在于所有不孕症中的心理特征，她引入了"生物现实的心理侧面即以抑郁为模式的不孕症"的不孕概念。这个概念包含什么内容呢？

她指出，这些女患者表现出以防御方式面对抑郁核心的"性格神经症"（névroses de caractère）。自恋痛苦并不是有意识地感受到的，但总体上来说，它是心理功能拒绝承认的对象，尤其关于女性性及其构成因素，如被认为是女性特点的被动、依从和接受能力。她观察到，普遍存在一种依附和顺从母亲的病态关系，认为母亲是带阴茎的女人，无所不能，对此，富尔·普拉吉耶解释说，这是因为对父亲的依附不够，母亲认为父亲不具备作父亲的资格，导致父亲的角色，尤其是父母之间的爱情、母亲的女性性被拒绝承认，造成"女情人的压抑"这样的错误。所以不可思议的宝贝（bébé）不是父亲的俄狄浦斯孩子，而是母亲的宝贝，是为她或由她创造的。这常常是一种有意识的计划，旨在使她得到满足或使她受损的自恋得到修复。这就是从母亲到女儿的同性生育幻想的由来。富尔·普拉吉耶认为，实际上，无意识同性恋对不孕具有决定性的影响，被动中受到压抑的原始同性恋使所有的女孩子都走出原始认同，转向二次认同和后俄狄浦斯认同，尤其转向对父亲的认同。

她还指出，女性身上再生产装置的自恋投注和总体而言性的投注的缺乏，很有可能与母亲缺少对女儿的这些能力的投注有关。所以，以被动为标志的接受能力和克制能力普遍被有意识地加以拒绝，而不会出现女性对其生育力也这样拒绝的后果。

那么，这些不孕女病人对阴茎的渴望和要孩子的愿望又是怎样的呢？

她们对阴茎的渴望更确切地说是一种防御，是一条摆脱与母亲过密关系的出路，它会导致对阴茎的认同，作为延缓分离的一种手段。因此，这是一种对母亲的反认同。对她来说，被动性和女性性是一种不可容忍的威胁,因为它们具有太大的破坏性,因此,阴茎特质(phallicité)对她们来说是一条更好的出路,不育则表达的是一种对屈从母亲的拒绝。这样,要孩子计划就是一种同性恋的表达,或者说是一种对母亲强烈敌视的表达,这两种情感常常融合在一起。孩子是为母亲而生的,或者是由她给予的。因此,要孩子的要求并非表达一种对出自男女爱情的孩子的意愿。"也许人们可以说,"要孩子的愿望"可以掩盖一种无意识的全面的拒绝"。[1] 实际上,富尔·普拉吉耶支持这种说法,她认为,要孩子的意愿可能掩盖对孩子的拒绝。这个假想的孩子可以是个"杀手",他是无能被动自我幼儿期部分的投射。或者他可能是他母亲自己的投射。

  研究伴侣问题的专家必须思考的问题是:不孕妇女的这种心理功能如何与其配偶相互配合才会导致夫妻不孕?换句话说,男性的功能会以何种方式提高或相反地抑制女性的功能的效用?反之亦然。在没有配偶的无意识参与的情况下,女性不孕足以造成夫妻不孕吗?他们相互之间采取何种方式?关于不育症的主体间解读还需进一步展开研究,尤其需要努力研究伙伴各自在这种不孕中的无意识受益。征兆载体(porte-symptôme)的概念用在这里再贴切不过了。此外,另一种关于群体的解释也需要加以思考,它能让我们发现活动中的夫妻幻觉的本质与传递,它引发各种不同的焦虑,但同时也引起伴侣的构建意象,这些意象决定着未来的不育条件,它们有时是无所不能的、令人恐惧的、让人有负罪感的和使人幼稚的。

  关于男性不育,莫妮克·彼得洛维斯基认为,对于男人来说,

---

[1] 见 S. 富尔·普拉吉耶(S. Faure-Pragier):《无意识的婴儿》(*Les bébés de l'inconscient*),巴黎,法国大学出版社,心理分析案例丛书,1998,第 111 页。

没有孩子是心理不安全的根源,因为从系统方面来看,再没有任何东西会证明他自恋的完美。所以,男性不育考虑更多的是传宗接代问题和男人在家族与社会中预料的地位。因此,男性不育与女性不育的区别在于它所造成的影响不同。

一起变老

衰老的现实带来的新的严峻考验将决定伙伴双方和伴侣内部必须作出必要的和不可避免的改变。因此,我要问,他们的躯体青春、美好理想和已经实现的与没有实现的梦想的葬礼意味着什么?他人肉体的相互投注、夫妻间的诱惑和新的表达与满足的方法都会变成什么样呢?对配偶和伴侣的投注会有什么样的改变呢?伴侣各方和伴侣的升华能力会怎样呢?最后,经济学、动力学和场所论方面会发生哪些功能性变化呢?这些变化在主体间关系层面和群体层面会经历哪些过程呢?"他们的职能伴侣"会怎样演变?他们的社会文化现实会变成什么样?

我们首先和热拉尔·勒·古埃斯[①](2000)和亨利·达农-布瓦洛[1](2000)一起来探讨由衰老带来的一些变化,这将有助于我们更好地认同老年伴侣的基本问题。为此,我将对心理衰老问题、性行为、退休的关键时期和祖辈的身份分别加以探讨。

---

① 见 G. 勒·古埃斯(Gérard Le Gouès):《年龄和快乐原则》(*L'âge et le principe de plaisir*),巴黎,Dunod 出版社,2000。

[1] H. 达农-布瓦洛(Henri Danon-Boileau),法国当代心理学家和精神分析学家,主要著作有:《一个固执的人的战争日记》(*Journal de guerre d'un obstine*)和《从老年到死亡》(*De la vieillesse à la mort*)。

伴侣

心理衰老的若干特点

根据勒·古埃斯的观点，衰老过程大约开始于中年时期，它与人到中年的危机和走进我们"不可抗拒的有限性"的心理场景有着紧密的联系，死亡会引起很大的生存危机，这种心理场景是死亡的前景强加给我们的。承认我们生命的有限性是我们自我和关于自我的悲哀（deuil），以及承认永恒自恋的向往会消失的认识能力的研究成果。他把衰老分为几个阶段：开始衰老的成年人——从中年到退休年龄；年长者——从退休到80岁；老年人——80岁以上。

衰老带来的得与失，每个主体都应该统筹经营：

——种种丧失使自恋受到伤害，使每个主体的阉割问题重新出现，引发抑郁期的重新制定。它们使主体调动全部防御手段来保卫自己受到威胁的内心世界。

就各种对象的功能性丧失而言，最明显的是男性性能力的减弱，女性吸引力的降低。实际上，欲望和实现手段之间越来越大的差距使得阉割情结重新复活。最后是自我的丧失，它决定着必要的自我悲哀的心理作用（travail de deuil）及其种种理想。随之而出现的是对我们完整自恋无所不能和永存不灭的侵害。要实现这种自我的悲哀，至少在某种程度上必须使内在的好对象战胜坏对象，情欲强于破坏的冲动。

——所谓获得，系指成熟、自我得到保护和以另外的方式享受生活的能力。

在元心理学方面，勒·古埃斯认为，衰老是自我和本我之间出现紧张的一个过程。事实上，心理装置会进入一种"有限性冲突"（conflit de finitude）的状态，这是一种存在于**自我**和**本我**之间的场所论方面的冲突，自我知道自己会死去，至少部分地承认自己的衰老，本我不知道自己会死去，立身于永存不灭和永恒的自恋幻想之中。这种冲突是在现实检验的背景下，根据相互对有限性和永恒意愿的承认程度而展开的。

实际上，心理装置结构在 80 岁以前可能是没有变化的，除非发生事故。他指出，本我冲动力在减弱，超我变得温和了，不再被用来对付不很激烈的冲突。至于自我，它承受着衰老带来的两个重要的改变：首先是衰弱，它是冲动力减弱的精神表现，它对各种反应起决定作用，如：悲哀、抑郁、升华和各种防御；其次是僵化，它表现为一种因循守旧的倾向，对于新的变化、新生事物、未知事物都乐意持反对意见。

在经济方面，心理装置承受着两方面的重大改变：冲动力的逐渐减弱，实现满足的手段越来越少。勒·古埃斯认为，在快乐与非快乐、丧失与"遗留"亦即获得之间寻求动力学和经济上的平衡中，作为替代快乐之源泉，升华法是较好的方法，因为精神现象在使用这种方法与由这些丧失造成的有害的、破坏性的现象进行斗争。不幸的是，升华既不是用之不竭的，也不是所有的主体都能够接受的。

因此，自我能够成功走向衰老，主要在于能够承受青春的逝去和死亡的恐惧，放弃和撤回对作为先前理想目标的对象的投注，释放出新的可支配能量，进行再次投注，使对象适应自己新的境遇。"优雅地老去"依赖于好的升华游戏和对于阉割情结（受到迟来的危机的破坏）进行重新设定的才能，以及使生殖器肉体性行为演变成温柔爱情的能力。

相反，如果衰老主体的"神经症"自我抗拒和拒绝必要的悲哀效果，试图重新赋予自己的冲动以性征，男人表现为"中年恶魔"[1]，

---

[1] "中年恶魔"（le démon de midi），意指诱惑年轻女子的中年男人。

女人表现为不愿早要孩子；但与此同时，也表现出以重返肛欲性或口唇性防御为形式的病态倒退，在这个倒退的过程中，这些局部的冲动是做出来的而不是升华了的。"极限"自我可以找到其他道路，如通过过于忙碌，设定不着边际的计划，恢复青春之类的防御性过渡补偿来证明对残酷现实的拒绝。他也可以以忧郁的方式将注意力转向身体。最后，"精神病"自我可以通过再性征化（resexualisation）而像色情谵妄那样残花绽放，或者可以通过焦虑迫害的方式造成被损害妄想从而纵情投射。

年长者的性行为

据 H. 达农-布瓦洛[1]所观察，在绝大多数情况下，年长的伴侣好像都能适应其性功能的老化。实际上，随着年龄的增长和根据他们的习惯，性生活的间隔时间会逐渐拉长。有些伴侣性生活完全消失，但我们也注意到，常常出乎人们所料的是，有些伴侣一直保持着性生活，且没有"任何"给人以怀疑的地方。

心理生命仍然是一种怀有欲望的生命，它在制造种种幻觉场景，最终对于对象的欲望是最长久的。衰老悄悄地将肉体和精神现象分离，肉体的性行为早于性心理活动首先开始减弱，这一暂时的不相一致在自我内部产生差距，对自恋造成伤害。

勒·古埃斯列举了几种不同的性行为形式：

—— 器官性行为，系指肉体的性活动；

—— 功能性行为，系指性的实现方式，这些方式与主题的心理结

---

[1] 见 H. 达农-布瓦洛（Henri Danon-Boileau）：《从衰老到死亡》，巴黎，Hachette Littérature 出版社，Pluriel 丛书，2000。

构有关。他认为，对于年长者来说，只要没有患严重的器官性疾病，他们的性功能障碍更多是精神病理学（psychopathologie）上的问题，而不是生理学上的问题。他建议根据冲突性研究成果，重新审视性功能障碍。尤其是阳痿问题，确实和年纪有关系，而去势的焦虑会加速功能性去势的发展。因此，理想的方式是尽量缓慢完事，不追求完美，注重温情，不苛求性的结果，更要注重被动性-感受性。

对于因男性的阳痿和女性认为"这不再是我们这个年纪做的事"而停止了性关系的老年伴侣来说，手淫可以作为一种病理学上的依托，但年长者认为是可笑的行为，因而难以接受。

—— 最后，精神性行为是一种发生在意识的幻想或夜间睡梦中的性活动。

在年长的伴侣中，当性能力的改变得到在生殖器上的温情支持时，这种向重新调整的交流方式的过渡就不会出现太多的麻烦。实际上，温情是一种对象情欲的晚熟的解决办法。

依据自己投注最多的心理性行为，尤其是口唇性和肛欲性，主体试图通过满足其享受愿望来处理衰老过程。当力比多下降时，肛欲性就会发挥中心作用，因为侵害性可能会迅速重新占据上风。这样一来重新出现肛欲性的年长者一旦坠入爱河就会很快变得令人讨厌。但是，肛欲性对于滋养升华的部分冲动来说，是一个活的源泉。至于口唇性，为了与因缺失而引发的焦虑进行斗争，它会激发贪吃欲望，从而会导致肥胖和老年酗酒。

严峻和烦恼的退休阶段

退休者和年长者如果继续从事某种活动，会比其他人群活得更长，生活得更好。

H. 达农-布瓦洛列举出一些退休给人们带来的伤害。首先，退休使人们习惯性的生活突然中止，损害了他们的社会和职业身份。这时，自我、自我的延续性和与他自己一致性的感觉将或多或少地遭到外部的怀疑。同时，退休意味着有了大量的空闲时间，往往让人觉得无所事事，从而产生等待死亡和忧愁的焦虑。在这种焦虑和抑郁的氛围中，堆积在一起的是习惯了的社会关系网的丧失、经济上的损失、过去大量投注的职业的丢失和职业带来的满足感的消失。然而，退休者感到昨天的自己今天并没有变化。换句话说，他们的才能和精力可以转到新的用武之地，以此来弥补这种断裂，即使这样需要他们做出重要的有意识和无意识的调整。正是在这种对于维系先前的平衡和心理经济的前景展望中，升华起着重要和特殊的作用。

因此，根据所遭受的损失，退休会要求人们必须有新的平衡和重新组织升华的可能性。在所有的有意识和无意识的职业内涵中，根据每个个体的情况，似乎失去的部分（如内容、能力、权力……）相对比较容易通过升华的方式来加以弥补或取代。女性似乎较少受抑郁症的侵扰。她们比男性更懂得通过日常的家庭事务、消遣和脑力劳动来进行调剂。男性看问题比较固执和单纯。一个与退休前职业相关的兴趣往往会很容易使他们转向一种升华的活动。这种对于不可避免的损伤的先期投注会减轻中断的感觉。

这个退休阶段对于夫妻生活来说也是严峻的，因为其间容易发生伙伴间敌视投射情绪带来的冲突。如果说伙伴双方都置身于这种新的境遇，两人整日抬头不见低头见，因而潜在着威胁的话，他们应该发挥创造和升华的能力来调整他们的内心世界，重新改写他们的伴侣心理动力学和心理经济学，特别是安排和创造个人投注、共有互享的时间、空间和对象,这样会给他们带来自恋的和直接力比多的满足,尤其是达到他们被抑制和被升华的目的。

祖辈的身份

H.达农-布瓦洛同时建议我们要思考祖辈的身份问题,他建议"年长者们"要"明智防备"。

"祖辈的地位是'第二线的',他们所承担的责任必须是有保留的:年长者应该认真考虑自己在多大程度上给与必要的支持和实际的帮助,面对成为父辈的孩子们自己有多大程度的斟酌决定权(……)。大家都知道,祖辈——除非他们被'合理地'要求或在紧急情况下——不应该介入孙辈的教育,应该避免任何侵扰和专制的行为……,甚至在获得孙辈的爱时也要有所控制"。[1]

从2岁到20岁,或更大一些,祖辈和孙辈之间的关系会不可避免地发生变化。祖辈们要适应孙辈们随着他们新的需求的产生而出现的变化,甚至要适应他们通常会表现出的逆反现象(这与父母/孩子之间的冲突毫无共同之处),这是祖辈们要做的一份作业。永远保持一种可随意支配的心态、一颗宽容的心、一种爱,不管孙辈们在其成长过程中是否用得到,这都是为他们提供一种安全感。这时,祖辈"重新发现"自己的青春,从孙辈那儿得到了从儿女那里没有得到的快乐。由于孩子们对他们的依赖和期盼,他们在权利和自尊方面重新找回了强大的感觉。

祖辈和孙辈之间的关系需要考虑的另外一点是:与"后代"相关的幻想,这时年长主体对于延续香火者的认同。围绕子孙后代、香

---

[1] 见 H.达农-布瓦洛(Henri Danon-Boileau):《从衰老到死亡》,第195页。

火延续和传承个人计划的孩子的所有思想，都是一种对于面对死亡和消失引发的重大放弃而产生的焦虑的防御。因此，永恒从主体转移到了子嗣身上，这是实现不朽的自恋欲望的另外一种微妙的途径。

那么，这种祖辈身份对夫妻结构和夫妻功能会产生哪些后果呢？在衰老造成的诸多丧失和放弃的背景下，祖辈身份无论对夫妻双方还是对个人，都会带来巨大的好处，这些好处既体现在自恋和对象方面，也体现在对变化的力比多联系进行创造和再创造方面，它是为个人、夫妻和家庭的精神生活服务的。它为满足不朽的自恋幻想提供了另外一条道路。此外，它丰富了祖辈认同的内容，获得与新的自恋功能相关的新地位，这会使脆弱的年长伴侣内部减少各方面的敌视和冲突情绪的传递。我可以提出这样的假设，祖辈身份是儿女的一种"回赠"，是一种对他们年迈父母受到损伤的自恋完整性进行修复并使之恢复的办法，因此，也是一种对他们的关心，一种对给予他们生命的双亲的伴侣生命的维系。这正符合 M. 彼得洛维斯基提出的"生命之债"的概念。

第五章
伴侣职能的概念

伴侣职能概念必要的引言

我们以多种学科的研究方法对伴侣的"自然"历史、其不断变化从而走向成熟的关键阶段和伴侣生活的各种层面进行了研究,接下来,我们必须以一种统一的和恰当的方式,从历史、社会文化和心理诸方面来分析对于伴侣生活及其持续性起决定作用的各种因素,尽管伴侣生活有其脆弱和盛衰的特点。

伴侣职能(*travail de couple*)这个跨学科概念让人惊讶地突然出现在我们面前,它会帮助我们解释分别属于三种现实(即具有时间性的肉体-性现实、心理现实和社会文化现实)的夫妻关系现象,理解它们之间必然的联系和不尽如人意的地方。实际上,如果对于某些伴侣来说,伴侣职能是充分的和满意的,那它也让我们想到它的一些失败的情况,比如各种不满足、暴力、三个现实之间的失衡等,这些失败尤其表现为各种各样的痛苦，可能导致夫妻关系的中断，或者向伴侣治疗师一类的专家咨询。

因此，我们现在必须根据这种职能的行使者、行使场域、行使过程及其发生情况对其不同的形态与特点进行研究。同时，我们也应该对这种职能的作用和伙伴双方希望通过它达到什么目标进行思考。另外，不同形式的失败会促使我们去研究和发现某些主要起抑制作用的障碍，它们由于过分刺激甚至会引起麻痹；同时，也会促使我们反过来思考那些有促进和激励作用的因素。

确切地说，这是一个关于职能（travail）的假设，显然，我们还需要通过对这种假设进行讨论，特别是结合临床和社会人类学的研究素材来评价它的操作和启发性意义。

关于伴侣职能的介绍

我认为，这种**伴侣职能**是由每个伙伴的自我共同实现的，对它的投注在某种程度上分三个层次，即无意识、前意识和有意识。它包含了经济学、动力学和场所论方面的内容，而且是在前面已经提及的伴侣的三个现实（心理、肉体-性和社会文化）内完成的，它们每个现实的时间性决定了相对应的职能的时间性。

心理现实中的伴侣职能

我重新提出三个层面，即群体层面、主体间层面和个人-精神装置内层面。

群体层面

当伙伴之间完成共有互享的心理建构时，夫妻群体就已经存在了。这种共有互享是一种"夫妻精神现象"，今后它就会以这样的形式开始活动，它尤其还会产生一种本身就是共有互享的"夫妻妥协形成"。夫妻精神现象来源于为了建构夫妻群体而被动员起来的每一种个体精神现象的"结合"与"冲突化"（conflictualisation）的效果（travail）。因此，他们每个人都必须兼顾两个方面：一方面，为了维系群体和自己与群体的关系，必须放弃自己的一部分认同、意念和理想，另一边还需要维持一个属于自己的心理空间。

我想和卡伊斯一起回忆关于这些个人精神现象的系统过程、形成体和"结合"（conjugaison）形态。四个认同的系列过程为：原始过程、一级过程、二级过程和三级过程；附着（adhésives）认同、投射认同、内投认同；投射机制、委托（dépôts）机制、防御机制；卸载功能（fonction phorique）。

我们会在后面的章节里将诸如幻想、意象这样的形成体和无意识联盟与这些系列过程结合起来进行讨论。

另外，我要提及爱情对象和夫妻群体的对象化功能（格林语）的重要介入，它作为一种情欲表现甚至对这种职能起决定性作用。

此外，我和卡伊斯都指出存在同形性的和异质同态的（homéomorphique）两个主要极，它们构建起每个伙伴和夫妻群体之间的关系。实际上，这种"结合"（conjugaison）是基于一种心理空间的相似和差异之间由于人格解体的焦虑而形成的紧张关系。因此，这种夫妻群体应该根据共有互享而不是私有求异的模式来组建。作为夫妻群体或成对关系，一定会根据不同的方式对自己的界线共同进行自恋投注，这个界限使它分离，划定它的范围，同时保护它免于遭受"他人世界"和第三者（双亲、孩子、朋友和其他人）侵入。夫妻群体是将来调整这各类关系的伴侣职能（travail de couple）的对象。威利观察到，根据不同的伴侣，这种界限可能是"模糊的""清晰而易受影响的"，也可能是"严格的"。他主张针对外人和伴侣的亲戚与子女建立明确的界限，这是所有的治疗要达到的目的之一。此外，他还想到了第三者在伴侣生活的情境中所起的作用。我们重申一下 C. 帕拉的观点，她认为，这个夫妻之外的世界在俄狄浦斯结构中扮演了第三者的角色，受到两位伙伴各自复杂的具有同性恋性质的投注，这和他们相互间的异性恋投注是全然不同的。实际上，构成这种投注的一小部分情感没有升华，大部分情感是升华了的。

最后，这个夫妻群体还拥有一个"幻想中共有互享的生命肉体（corp vivant）"，成为它精神现象的居留之地。安齐厄认为，在两个伙伴想象的世界里，这个生命肉体的隐喻使人想到母亲的子宫和胎儿-母亲关系。人们不是常说或我们常听人说："我们的伴侣关系感觉很好"，或者相反，说："我觉得不好，我喘不过气来，我要窒息了，我感到被封闭了……"实际上，在两个伙伴的幻觉世界里，伴侣不仅是一个"母体生命肉体"，同时也是一个受到投注的、成长中的生物存在，它有生命、心理和功能方面的满足需求，也必然会经历变化和成熟的重要阶段；它呼吸或应该呼吸；它应该被喂养或人们应该喂养它（通过外部和内部的关系）；它应该走动、活动、发展变化和走向成熟。借用温尼科特关于乳儿的观点，我们认为伴侣作为新生的群体，充满生机活力，有"天赋的创造冲动"，而这种冲动又赋予了它幻想般的创造潜力，同时，它也具有了成长、融合和成熟的天赋潜力。它必须使自己体内充满能量，同时去除垃圾和那些不想要的有害东西，尤其把它们投射到第三者身上。最后，它思考并制订计划，开始交流和幻想，而我们发现了这样位于对它来说极为重要的"幻想生命肉体"内的夫妻心理现实。

我认为，自我保存的冲动会在这个幻觉的生命体（être vivant fantasmatique）内部发挥作用，并使其充满活力。然而，伴侣两个成员对于这个有生命体和"母体生命肉体"（corp vivant matriciel）的复现表象的理解是有差异的，这将会引发或可能引发各种不同的幻想，从而产生基本上是陈旧过时的各种焦虑，如贪欲、被迫害、抑郁等。

主体间层面

主体间空间由于受到具有多种隐含意义的冲突性的刺激而十分活跃，它连接每个人的对象关系，实现有助于建立无意识联盟的认同与投射的交叉游戏，使两个伙伴的俄狄浦斯情结和兄弟情结形成相互关系。

我要强调的是，布韦认为，对象关系既是对象的也是自恋的，所以得到双重的冲动投注。而格兰贝热则主张具有辩证活力的性成熟前的生殖性（prégénitalité），反对口腔性与肛欲性。因此，口腔性关系的特点是主体/对象的混淆，肛欲性关系是一种典型的主体/对象关系，即特殊的社会关系。伴侣职能中的肛欲性因素会出现于所有的对象关系之中，因为它是后者能量的基础。

依照格兰贝热这一明确的观点，我会认为，在伴侣的所有心理构建中，肛欲性因素永远是积极的。另外，根据不同的调查比例，口腔性和肛欲性因素必要的协调与对立性参与也会发挥作用：

—— 口唇性对象关系以主体/对象相混淆的形式可能在群体层面、自恋联合层面和伴侣幻想层面都发挥着作用。

—— 肛欲性对象关系在冲突的主体间性层面占主导，组织起夫妻生活和"职能伴侣"。

最后，罗森贝格认为，欲望自我（Moi désirant）与其对象的差距取决于某种程度上表现为死亡冲动的参与，这种参与会在鉴别和细化对象，从而丰富对象关系的可能性方面发挥作用。因此，按照这个思想来推断，死亡冲动会在区分心理空间中和卡伊斯所界定的异质同态的极里发挥作用。

此外，这位作者向我们明确指出了自虐的作用，认为它是伴侣生活的维护者，是其得以持久的因素。同样，情欲与破坏冲动之间一种好的生死冲动的结合-分离游戏，也会对伴侣生活所必需的自虐联合职能起决定作用。根据格林的观点，这种夫妻关系的持久性也同样取决于在性冲动目的的隐藏（尤其表现得温柔体贴）中发挥作用的"死亡冲动职能"。

至于无意识联盟，它们是实现欲望的联盟，具有结构性和防御性，甚至对某些伴侣来说具有进攻性，至少在她们生活的某些时期是这样。在结构性联盟中，我和卡伊斯一道指出，相互继发性自恋的契约旨在在伴侣中独立占有一席之地，只是为了维护伴侣的持久关系，如同子公司隶属于集团的契约。但是，这个契约会在关系到伴侣存在重大危机和亲人亡故与伴侣分离时发生变化。伴侣中另外一种积极互动的、同样需要压抑效果的契约是相互放弃直接实现破坏性冲动目的的契约。

在探讨个人发展层次之前，我们知道什么是冲动投注心潮？什么是群体和主体间层次中的场所论现象呢？

借鉴温尼科特和格兰贝热的观点，我认同伴侣中存在包括两个极的结构：

——一个是我们称之为自恋的极，这是一个没有冲突、无所不能的"夫妻群体"，是大量的自恋投注地，用温尼科特的话来说，是"纯女性的"，以自我/爱情对象的认同为基础，作为"自恋联盟"，它是"夫妻自性"（soi conjugal）的情感发生器，作为自恋机构和能量储备库，它不同于"夫妻自我"（moi conjugal），与社会文化现实联系在一起，使"职能群体"充满活力。"夫妻超我"（Surmoi conjugal）和"夫妻自我理想"的共同形态会并存于与"夫妻自性"和"夫妻自我"的动力学紧张关系之中。

——另一个是我们称之为对象的、主体间的和引起冲突的极，是自恋、情欲和攻击性冲动的"纯男性"的投注地，以冲动的对象关系和分离的自我/爱情对象关系为基础。它是一个形成"伴侣心理双性性"的组合体。

夫妻群体是幻觉的生物存在和共有互享的创造体，虽然它对于每个伙伴来说不尽相同，但在我看来，它体现了呈三角型爱情的主体间恋爱关系中的第三心理对象。它意味着任何一种夫妻关系都存在一种有助于巩固伙伴之间俄狄浦斯平衡的俄狄浦斯结构。此外，我们可以把这个第三对象想象为将来出生的孩子的"心理摇篮"或"母亲的子宫"。

卡伊斯引入了"主体间性的职能"（travail de l'intersubjectivité）的概念。他认为，主体间性由于主体必然处于主体间的境遇而把心理作用强加于精神现象，而且，在主体的精神现象中，主体间性的职能就是他人的无意识心理作用。当然，他必须把认同效果和对伙伴的自我产生的转变性影响融合在一起。这种心理分析的概念应该接近于F.德·森格利提出的"夫妻的社会化职能"的概念，这个概念是指个体在夫妻关系内的全部变化过程，特别指与每个人的认同构成因素相关的过程。

个人-精神装置内层面

这个空间也由于多种冲突共存而十分活跃，冲突造成焦虑和相应的防御措施的产生，伙伴每个人都必然会力图消除这些冲突，这样，他们才能心甘情愿地进入夫妻关系并在下列关系之间共同创建夫妻群体：自我和对象、同一性和相异性、自我保存和性活动、自恋和对象性、性成熟前性和生殖性、男性和女性、性欲和破坏性冲动，乃至爱情对象和伴侣-对象或"伴侣幻想"（夫妻群体的个人复现表象）、伴侣各方可分享和不可分享的对象。此外，伴侣双方对于每个人的心理双性性效果的重视也大有益处。J.安德烈强调指出，进入夫妻关系是使女性原始性的本来状态重新显露出来，并构成夫妻关系的重要条件之一。怎样进入夫妻关系呢？它是通过创伤和侵害、心仪对象精神装置内的相互进入和冲动时的自由放任与被动消极所需要的情绪的结合来实现的。

我再和安德烈·格林来一起分析一下夫妻各方的自我自身所经历的冲突情境。它纠结于两者之间，一方面是综合的尤其是源于自恋的强迫作用，另一方面是由于依赖于本我，意欲与对象成为一体。

例如，如果爱情对象是本我满足的目标，那对自我来说，在某些方面它永远是失衡的原因，是一种"创伤"。如果自我渴望与对象融为一体，那么，这种完全的融合就迫使它冒人格解体的危险而失去自己的体格。一旦这种融合不能实现，自我就会解体，因为它不能容忍这种分离。这样，自我就是创伤的据点，如果所依附的是一个未知的对象，既多变又不稳定，既不受控制又必不可少，那它同时也是反对这种依附的据点。它挫伤了自我的自恋和控制欲，等于对自我完整性的重建。

最后，我们来分析不同的伴侣现实所引发的多种多样的焦虑。我们尤其发现有：性成熟前的焦虑、类精神分裂症（身体和心理的分割）焦虑、被迫害焦虑、抑郁焦虑，还有自我与爱情对象关系中侵入-分离的焦虑、俄狄浦斯（去势）焦虑等。在某些方面，有些焦虑占据上风，并会造成相应的防御措施的产生。

社会文化现实中的伴侣职能

在社会文化现实中，夫妻-爱情伴侣也必然会组成赋予其社会生存物质手段的"职能伴侣"，使其在广阔复杂的、有着阶层划分和差异的社会结构中确立自己的地位。

因此，伴侣职能会包含家庭职能、夫妻社会化职能和双亲职能（当夫妻伴侣变成了双亲伴侣），至于其他形式，则属于更广泛的夫妻文化和同一性的转化职能范畴，这种职能由于在心理现实中已经预先实现了的职能而变得可行。

如果我们引用比翁和安齐厄关于群体的概念，这种"职能伴侣"或"技术极"（安齐厄语）符合夫妻功能的两个发展层次中的一个层次。另外一个层次是幻觉伴侣，与之互为关系，它以幻想和冲动投注为前者提供养料，但同时又以焦虑和防御措施对它加以限制。因此，职能伴侣体现了两个伙伴在完成关系到伴侣的社会物质存的共同而有区别的任务时有意识的主动合作。在比翁和安齐厄看来，它包含了自我的全部特点，这里，"夫妻自我"受到现实原则的支配，通过二级心理过程的运行逻辑获得活力。这种合作显然不是唯一合理的和"二级化的"（secondarisé），但同样受到意识的和无意识的、刺激的或麻痹的感情、幻觉的传递的渗透，甚至干扰。因此，两个伙伴产生于夫妻心理现实的幻想的趋同和转化的统一，会带来他们在诸如意识形态、神话、空想（安齐厄语）等方面的妥协，这些妥协会对夫妻生活的总体表现、日常活动和计划产生导向和决定性作用，还会对已经形成的各种不同的职能、最终会对夫妻文化和同一性的转化产生影响。

实际上，共同生活需要建立共有互享的时空，而这个时空势必会与伙伴各自不同的时空形成冲突。这关系到幻觉生成与传递和各种升华与象征的场域，个人与夫妻的妥协形式会在这些升华与象征中形成，它们具体表现为：对于既共有互享又分别各不相同的活动（职业的、非职业的和消遣的）的创新和投注；转化共有但不互享的各种表象和观念（男人和女人的、各自伴侣角色的、伴侣内部关系的、受各自家庭影响的伴侣的，尤其是家庭的）；创建稳定而多样的交流方式、行为准则、家庭生活的运行与组织规则——动员两个伙伴的肛门性——和形成共同的价值观和理想、神话故事、逐渐演变成习惯的包括性生活在内的礼仪活动；建立所谓的"夫妻关系制度"。

我们还要考虑包括收入、预算、消费开支与方式、保险行为的投资等在内的夫妻经济的构成；分析权力的分配及其行使方式和不同的范围；关注投注的方式及其意识的和无意识的常在之地即"伴侣的身体包装"、伴侣之间私生活领域的投资游戏及其界限与外在世界、私密伴侣/公开伴侣之间的关系及其可能的分裂。最后我还要指出，时间的投注不论是互享的还是非互享的，他们的时间性（过去、现在、未来）不论是个人的还是共同的，对于夫妻生活来说都具有重要的意义。

我要强调的是，在这些不同的领域当中，社会学家们常常指出性别差异带来的不同表现，比如在家庭和双亲的职能方面；在塑造男性-父亲同一性超过女性-母亲同一性的职业投注方面；在女性扮演"守护者"角色的伴侣的投注方面；在交流方式方面；在"利益与服务"的交换和伴侣两人为了不同的期待所作的付出的复杂性方面；在性关系方面（特别是孩子降生之后，从夫妻伴侣到双亲伴侣的"过渡"阶段）；在冲突方面。

这种伴侣职能依靠什么性质的能量呢？

它基本上是肛门性升华的力比多吗？我们知道它是主要的源泉。

它也可能是现在所谓的每个伙伴自我保存的冲动能量吗？这种能量集合在一起服务于伴侣的生存与维系。

在场所论方面，在"职能伴侣"中发挥作用的"夫妻自我"是由升华的自恋、情欲和侵害的能量提供养料，但也从现在所谓的自我保存的冲动能量中获取营养。它与夫妻关系以外的现实和伴侣的其他心理区分建立起各种富有活力的关系："超我"是限制者和禁止者；自我理想是行为规范、价值观和理想、尤其是共同计划的制定者；最后还有"夫妻自性"（soi conjugal），它是自恋的心理区分。

肉体-性现实中的伴侣职能

我似乎认为，肉体现实方面的伴侣职能是：投注和维持对他人的肉体投注，具有自恋、情欲和攻击的性质；建构分别具有性征的肉体表象和"精神肉体相结合的幻想";认同他人并为此而调动自己的心理双性性;通过口头和非口头的、行为和形体模仿的各种方式进行自恋、情欲、柔情和攻击方面的信息交流。所有这些都是一种能力的表现,尤其体现了关切他人肉体、被他人肉体诱惑和以自己的肉体诱惑他人、同时又像报警信号一样拒绝他人的能力。

人们会就夫妻生活中"心身结构"(organisations psychosomatiques)的宿命提出质疑。如果伴侣职能令人满意,即有防止刺激的功效,那心身结构能更好地抵御破坏性创伤吗?

相反,伴侣职能的肉体影响有可能是有害无益的,因为它是创伤性的,因而也是破坏性的,那是否说明这是伴侣职能的一种失败呢?这需要对"伴侣的心身"进行探讨,特别要通过其不同的参与方式,考察伴侣和伴侣职能在伙伴成员的心身和谐结构方面所发挥的作用。反之,我们也可以考察每一位伙伴在夫妻现实的三个层面所经历的躯体破坏所产生的影响。这个问题有待在今后的研究中展开论述。

在实际生活中,伴侣的性活动多种多样,都获得自恋、情欲(性成熟前期的和生殖器期的)和攻击方面的满足。在异性伴侣中,两种力比多倾向(即异性或同性倾向)都可以得到满足,或者直接满足前者,或者通过认同伙伴这样的幻想方式来满足后者。性活动的投注会因夫妻的文化、夫妻周期的阶段、每个伙伴的变化和投注布局,尤其是在某些方面主体间关系变化的不同而不同。

如果心理分析的讨论提及自恋完全性状态的实现(格兰贝热)、自恋完整性的再保险(格林)、"好"生活心理安全感的获得(M. 克莱因),也提及"想象的共同肉体"幻想,即否认性别差异、阉割和相异性的双性性幻想的实现的话,那它同时也在强调隐藏而必要的心理作用即个人职能（如J.舍费尔[1]的"女性职能"），这种个人职能与伙伴的职能结合起来，发挥性别差异和每个人的双性性、各种认同、性成熟前期和生殖器期的焦虑管理、情欲程度（伴有对欲望的克制性）和冲动卸载程度之间以及性活动和无差异（indifférenciation）自恋欲望之间的特别冲突的作用。最后，还有性活动和自我保存之间的作用。

　　社会学家们的论述肯定不尽相同，但它们都给我们展示了伴侣职能在这个层面上的若干特点。伯宗指出，性行为的功能因夫妻周期所处的阶段不同而不同。在初始阶段，性活动有助于伴侣作为主体间性关系和群体现实的建构。到了所谓的稳定阶段，因为男性的职业投注和女性的母亲身份，它不再占据中心位置。它成为一种"维持伴侣关系的习惯行为"，一种"象征性地定期重申伴侣关系存在的私密仪式"。F. 德·森格利认为，"夫妻社会化"的效能也会在相互承认伙伴同一性的性别构成方面发挥作用。

　　肉体–性的时间性与心理的和社会文化的时间性必然会有差异，这是伙伴尤其进入衰老期后的冲突和焦虑的源头。伴侣职能力求通过伴侣的三个构成现实之间的协调和更好的结合来解决这些问题。

关于伴侣职能的目的性、对立性及其对于伙伴产生的影响的若干思考

　　这种由伙伴各自的自我共同实现的伴侣职能，必然会在伴侣的三个构成现实中发生冲突，它会通过动力学和经济学上的灵活结合来

---

[1] J. 舍费尔（Jacqueline Schaeffer），法国当代精神分析学家，其代表作为《女性的拒绝》（*Le refus du féminin*）。

确保夫妻关系的运作，无论对于伴侣来说，还是对于其成员来说，都是可以承受的、持久的和满意的。然而，我们还必须认识到，它与每个伙伴的个人职能在结构上有着持久性对立。因此，随着时间的流逝，每个人的自我如何分配其给予个人职能和伴侣职能的投注呢？换句话说，他将多大部分投给他自己，多大部分奉献给伴侣呢？此外，不管在这种对立方面，还是在优先投注哪种夫妻现实方面，两人还会不可避免地表现出分歧，这些分歧可能会得到也可能得不到伙伴职能的弥补。它们可能会因夫妻周期的不同而发生变化，也可能一成不变，这将给夫妻关系造成困难。

在探讨伴侣职能的失败之前，我要首先就其对每个伙伴的心理构成和心理功能的影响提出几个问题。

什么是它的积极潜能？在刺激表象活动和丰富个人自我方面，它是否具有有利于结构的或重组的、引起自恋的、抗兴奋的、保护的、安全的、稳定的效果呢？什么是它的消极潜能？它是否会表现出自我解构、自我人格解体以及对自恋完整性的攻击的危险呢？是否会有对躯体破坏的以后发展（演变或逆转）起决定作用的创伤性经济潜能和过于引发焦虑、不安、抑制、使自我贫困化的各种特点呢？此外，什么是使自恋创伤得以分离和复活的因素呢？

最后，如果人们把每人的伴侣生活理解为伴侣职能和个体职能相互参与，利用夫妻伴侣功能的效果形成必要的、有活力的有机结合的表现形式的话，那么，它是否会对某些人来说是有益的，而对另外一些人来说是消极的呢？回答同样和伴侣职能可能的失败联系在一起。那会有什么样的失败呢？

第五章　伴侣职能的概念

伴侣职能的失败

　　它们要以不同的方式来构想。在数量方面，我要指出两位伙伴或其中一位的自我职能的欠缺，这种欠缺不能由另一方的职能来弥补。它们可能会建立在一个或多个现实之上，其结果有可能与敌意的投射冲动相冲突，对于一方或伴侣双方来说都不满意。这将把他们带入夫妻关系的痛苦之中。

　　我们怎样来理解过度的伴侣职能呢？我们可以把它解释为夫妻一方或双方的自我对于这种职能的主导性投注，它损害个人职能。这会在以后的时间里带来消极的个人影响并对夫妻关系产生影响。另外还可把它理解为在一个或多个现实方面过分投注而牺牲其他现实方面的投注，这种过分的投注日后会由于职能的削弱而在可能出现的解体后果中造成经济上的成本。

　　在质量方面，我要指出，不管是哪一种现实（肉体-性、心理或社会文化），它履行这种职能的方式偏执而僵化，所以在创造性方面不够灵活，不易调动，且能力不足。

　　我们同时也要考虑这三个或许不足或许过强的现实之间的结合职能和保证它们自身时间性之间协调一致的职能。

　　如果说伴侣职能的主要作用之一是保证夫妻生活在免受各种痛苦（心理、社会、肉体-性）的情况下保持一定的持续性的话，那么它的失败之一就表现在两个伙伴调动起来的美好的受虐色情不够充分，缺少来自抑制性冲动目的的温情，难以利用在异性性关系中升华的较弱的同性恋心潮，造成夫妻二人之间的友好形态，另外，没有足够的相互自恋的奉献能力，以使每个人都能在伴侣内部获得自恋的某种完整性。

伴侣职能及其失败不可避免地会使我们对于伴侣生活的正常状态和病理状态的概念、伴侣职能的作用及其在个人和夫妻关系中的演变加以思考。

伴侣生活的正常状态和病理状态

伴侣职能是在心理、社会文化和肉体-性三个现实中随着各自的时间性和各式各样的失败而完成的，这使我们省得就个人和伴侣的正常状态/病理状态这样的问题来进行讨论了，从而使我们认为，由伴侣双方根据不同方式相互选择而开始的夫妻生活，确实具有一种全面而不同的职能，这种职能的展现有着复杂的时间性，处于与伴侣各方的个人职能相冲突的关系状态。这样，不管每个人的病理状态如何，伴侣的建构和随后的运作都意味着这个共同职能可能随着时间的流逝，在现实的某个或数个层面上暂时或长期遭受失败，并对其他层面产生不同程度的影响。其因果关系也是多种多样的。因此，即使伴侣职能在心理现实中产生个人的和／或夫妻的症状，我们也不能说它是伴侣的病理状态，尤其是在它们使两个伙伴受益的情况下。反之，如果这些失败对于社会文化现实（伴侣外在现实）和肉体—性现实的其他层面造成不利的影响，那我们应该指出，带有各种不同符号的职能失败的存在决定了这些未知领域潜在着冲突，它们必然会对伴侣的心理现实产生消极的影响。

因此，"伴侣的病理状态"并不意味着伴侣心理作用缺失，也不意味着出现持续的痛苦，而意味着一种心理功能的产生，它可能对夫妻现实的其他层面产生消极影响，让人最终得出结论说这个职能失败了。社会文化现实或肉体—性现实方面的失败亦然，它们会对夫妻精神现象造成消极的后果。

伴侣职能的若干作用

我们不该忘记，在夫妻每个人的自我内部，伴侣职能即夫妻共同职能与所谓的个人职能永远处于紧张的关系之中。

伴侣职能的某些作用符合其三个现实层面。

心理方面的作用

伴侣职能除了保证其成员在自恋方面直接而明显倒退，满足他们融合和象征的渴望，并通过男女性别认同，调动各自的双性性，保证各种幻觉得到满足之外，它也符合面对内在危险（性成熟前冲动、同性恋、破坏性冲动、性成熟前的和俄狄浦斯的各种幻想和焦虑）和外在危险（迫害的或投射冲突的对象）时的防御与保护需求，这些需求通过无意识防御联盟（否定性条约）的形成来得到满足。另外，对于那些心理和社会构成脆弱的主体来说，伴侣职能使他们保证具有一种"框架的"（encadrante）和有利于结构的功能，这种功能让我们联想母亲对婴儿的"辅助性自我"功能。

由夫妻群体即共有互享的幻觉生命体和"将来出生的婴儿的心理摇篮"在爱情主体间性的关系中共同创建的三角关系有助于巩固两个伙伴的俄狄浦斯构成。最后，我要介绍一下伴侣的修复功能，

伴侣

对此，加西亚（V. Garcia）在其 2007 年的研究论文中特别作了明晰的论述。实际上，他指出，在伙伴双方倒退和转移的冲动中，早期经历的创伤的重复在这种伴侣"空间"受到优待并发挥作用，在"等待心理记录时"最终会被转化和象征化，因此会被伴侣在伴侣关系中出于"修复"的目的而"治疗"。这就是选择夫妻的基本重要性所在。"因此，我认为伴侣就像这样一个空间，陈旧的创伤会在其中继续发挥作用和自行复活，它们被认为存留在记忆痕迹的某一个地方。"①

肉体-性方面的作用

伴侣职能除了对于心身结构和持续的自己与他人肉体的自恋和情欲方面双重投注和相互投注的保护之外，我还要指出它在性（包括性成熟前和生殖器期的）满足方面的保护作用，包括情欲和攻击的、直接异性恋的和以幻想方式认同伙伴的同性恋的保护。同样还有对于夫妻同一性和伙伴每个人的特性的性别构成因素的强调作用。

社会文化方面的作用

如前所述，伴侣及其职能会保证其物质和社会的存在，会创造为达到这一目的和满足夫妻方面的需求所需要的手段。它会创造一种

---

① 见 V. 加西亚（V. Garcia）：《伴侣，一个为了自我修复的地方？》(Le couple, un lieu pour seréparer?)，载《家庭沙发》(Le divan familial)，巴黎，In Press 出版社，第 19 期，2007。

夫妻文化，赋予伴侣以独特的性质。我尤其要提及伴侣的家庭职能和夫妻社会化职能。当伴侣成为双亲伴侣时，它会确保自己的双亲和家庭的职能。

最后，伴侣职能会通过建立具有活力的结合和在力比多和自我保存方面经济学上的投注平衡来使上述三个层面处在冲突化状态。

第六章
陷入痛苦中的伴侣，
他们的治疗要求与心理分析效果

与玛蒂娜和路易一起做治疗

一年前，玛蒂娜和路易来我的门诊求诊，原因是路易动辄发怒，已严重影响到他们的夫妻生活。后来我们一起发现，发怒成为他们夫妻冲突的起因和爆发冲突的晴雨表。

他们在一起已经十年了，头八年是同居生活，两年前结了婚。他们天性聪慧，待人友善，有很好的表达和顿悟能力，而且在互相交流时彼此都表露出温情和善意，这使他们与人交往时能制造一种轻松愉快的气氛。这一点，我在和他们的接触中随时能够感觉得到。

在进行了三次摸底式交谈后，我向他们建议了一种伴侣精神分析的治疗方法，并介绍了这种治疗的基本方案。其实，我的"全部"反移情（contre-transfert）都反映出试图"和这对伴侣组成一个很好的治疗小组",一起进行"良好的治疗",即给予他们帮助,这使我下决心对他们进行治疗。

他们的基本情况

玛蒂娜,35 岁,独生女,父母在她刚 8 岁时就分开了。她形容她的父亲是一个经常不着家的人,对家庭生活、妻子和他唯一的女儿都漠不关心。玛蒂娜和她母亲的关系很密切,她的外婆经常到家里来。她以优异成绩毕业于一所著名的商学院,很快在一家颇受好评的保险公司获得了销售总监的职位并工作至今。她母亲有一个深得玛蒂娜喜欢的男友,多年前,他创办了自己的公司,最近在世界上也小有名气。在玛蒂娜的心目中,他体现了男性和父辈的杰出形象。

路易,40 岁,是家里三个孩子中的老大。他描述说,在自己小时候父母就不理家事,成天争吵不休。他的父亲是个工程师,总是忙于工作,对暴虐的老婆唯唯诺诺,只能用酒精麻痹自己。他的母亲在路易出生后不久被迫放弃了在商学院的学业,从而使自己进入白领阶层的理想破灭。她在第二个孩子出生后患上了抑郁症。路易说他是独自长大的,对学业和家庭都很投入,照顾其弟弟妹妹,特别是比他小 10 岁的妹妹。但他后来又对我谈起他小时候所感受到的父爱,因此,他说在他生命的那一阶段"父亲就是他的上帝"。路易目前在一家大型跨国企业做工程师。

关于他们选择恋爱对象的几点说明

从本质上来说,他们好像是作了自恋对象的选择,把对方看作是自我的理想化复体,英俊漂亮,聪明可爱。后来,我发现他们这种选择还有其他一些构成因素，可以说是复杂而丰富多彩的。

——俄狄浦斯情结因素，路易既体现了母亲的形象，同时也体现了强悍和给人以安全感的父亲形象；玛蒂娜也会既体现母亲的形象，又可能体现幼时所崇拜的父亲形象。

——防御因素，使两人避免出现受迫害的焦虑和抑郁以及被抛弃和被去势的情况。

抱怨、指责和冲突的起因

他们俩工作都很勤奋，难得有自由的时间。实际上，玛蒂娜抱怨路易每天很晚回家，他们很少一起出去消遣，尤其是他性格内向，对于他一天的生活、工作和他的感受，简而言之，所有与他本人相关的事情都不爱多说。后来玛蒂娜决定，如果路易没空陪她，就自己出去找朋友玩。她说，有一天晚上，路易很晚才回家，她热情地去迎接他，但他却说他很疲倦，不想说话。他显得很冷漠。"我只是不想说话，我不知道这会伤害了玛蒂娜"。他们一致认为他们之间的语言交流对于玛蒂娜来说是不够的。路易承认喜欢进家门时受到玛蒂娜的迎接，认为这是夫人的爱情体现，如果回到家里时她不在家，他觉得是件难以忍受的事情。"我知道这是不合理的"。对此玛蒂娜说："现在我懂了，既然他回家后需要半个小时的独处，那我决定以后每天比他晚回家半小时。"

路易解释说，忙完了一整天的工作，他需要一段安静的时间，让他脱离开他的夫人和使他身心疲惫的工作，这是一个精神恢复的时段。而且，他认为工作不应该进入他的私人空间。这是两个需要分开的不同的时间和空间，不能混为一体。他认为他夫人的提问和要求具有侵犯性，所以他要通过沉默来拉开距离以防止这种危险。我后来发现，他夫人的要求使他回想起他母亲通常以一种直接和威严的口气提出的要求。这样一来，他夫人就体现了一种需要提防的他母亲那种威胁形象。玛蒂娜不理解路易对沉默的需求，反而认为路易是在冷落、疏远和排斥她，使她重新感受到孩时被父亲遗弃的创伤。这也是她母亲的亲身经历，在这个痛苦的时期，"小玛蒂娜"把自己认同于她的母亲。另外，她在和路易重复她和母亲建立一种专一关系的需求。

最后，我懂得路易发怒的原因，他由于害怕伤害玛蒂娜而无法讲出他需要一点时间独处和使他得到恢复与保护的沉默，以及面对玛蒂娜的幻想般的期待所感到的压力。实际上，他害怕玛蒂娜把自己的沉默看成是对她的抛弃和疏远，也害怕玛蒂娜会因此而做出侵害性反应。因此，他也注意自我克制，但在一段时间以后，又会为一些微不足道的小事而大发雷霆。这样，通过对他们的情感、幻想和解释进行叙述和诉说，使他们的病原性相互投射清楚明晰并得以纠正，这大大降低了路易发怒的频率和程度，因为发怒变得毫无意义了。这也使他们愿意敞开心扉讲述那些被"路易发怒"的表象所掩饰的潜在冲突和那些过去埋在心里不想表达的事情。在开始探讨之前，我想强调，在兄弟竞争即"做两人中最好的"（表示再现他们兄弟情结的语言）的框架下，路易的发怒对玛蒂娜是有好处的，这使玛蒂娜在向自我的移情（mouvement transférenciel）中感到了自己的价值，体现出了父亲的形象。她说："至少在发怒这一点上，他是不完美的，我是两人中最好的。"她因此获得了自恋的好处，如同路易因侵犯了母亲的形象而从中获得了施虐受虐的满足一样，但在同样的情感中，他感到是一种自恋堕落，而且是在一个崇拜他的人面前以一种受虐的方式。因

211

此，他们所上演的也是一场施虐受虐游戏，这说明在他们的主体间关系中存在着性成熟前的发展层次。在他们夫妻关系中暴露出的三个发展层次：自恋发展层次、性成熟前发展层次和俄狄浦斯发展层次。

围绕是否要孩子而出现的冲突

现在我们再来讨论另外一个引起冲突的原因，这个原因原先是潜藏着的，但随着我们的治疗而逐渐显露出来，即是否要孩子的问题，这件事对两人各具有不同的意义，引发了难以启齿的焦虑。

对路易来说，这意味着一方面他必须做一个超过其父亲的好父亲，然后，从俄狄浦斯情结的观点来看，必须为其母亲贡献一个孩子，取代其失职的父亲，并相应表现出愿意做一个好丈夫。另一方面，他急切想修复一个被热爱、被尊重和被伤害的父亲的形象。最后，他幻想中的孩子是被认同为一个小女孩的玛蒂娜的复现表象，因此是他幼时的和自恋的复体。

对于玛蒂娜来说，这个孩子与她形成了竞争，因为她自认为是路易唯一的和独有的女儿，路易既具有母亲的形象，又具有父亲的形象，能够修复她幼年时的创伤。她不得不和这个代表着危险的孩子分享这份双重的爱情，因为他会夺取她作为夫妻中唯一的孩子地位。实际上，在她的头脑中她一直是个小女孩，还需要得到她的丈夫和母亲（未来的外祖母）的宠爱，母亲也会因小孩的出现冷落她自己。玛蒂娜感受到了丧失自恋益处的风险。"我觉得还没做好准备"。这句话也可以理解为："我觉得还没准备好做一个像我母亲那样的母亲，取代她的位置，给她贡献一个孩子。"这代表一种俄狄浦斯式的危险。

第六章 陷入痛苦中的伴侣，他们的治疗要求与心理分析效果

长假之后我们再次见面，在谈及此事时，她说她对此进行了思考。她觉得她一直在提防着男人和他们可能的不辞而别带来的危险，但同时又设置了条件，使其在困境时可以离开男人。因此，有了孩子就会把她拴在男人的身上，妨碍她的独立和自由。她纠结于她父亲最近给她造成的失望，后来又纠结于她八岁时父亲离家出走。她害怕被她深爱的人所抛弃。但是，她信赖路易，因为他既体现了可靠的、时时存在又随时能伸出援手的母亲的形象，又体现了理想的、不离不弃的父亲的形象。路易不会像她父亲那样抛弃她，即使他们没有孩子。她说她担心重现孩时被遗弃的悲剧，这些没有转化的幼时的创伤应该在伴侣相处中进行修复。然而我同时发现，在出走的可能性上，玛蒂娜认同她的父亲。在路易身上，肛欲期对象关系表现得尤其突出，他由于没能力对于玛蒂娜的爱情给予某种"控制"而感到痛苦。他很沮丧，甚至觉得在自恋情感上受到了伤害。当时，他能讲出他渴望成为玛蒂娜关心和关注的中心，因此，在和妻子的关系上，他认同父亲的欲望，但同时也认同他尤其在和母亲相处那段时间里的独子位置。不幸的是，他的父亲在处理与妻子的关系上失败了。他母亲因失望而患上抑郁症，他父亲只能借酒消愁，疯狂地工作，从中寻求在家中无法得到的满足，尤其是自恋的满足。因此，我们发现，路易在寻求爱情和控制欲的满足中和玛蒂娜重蹈父母的覆辙，而玛蒂娜则鉴于其父女关系的历史试图摆脱那种境遇。她可能体现了失望和不满足的母亲形象。最终，路易也经历了早熟的没有转化的自恋创伤，期待在他和玛蒂娜结成的伴侣关系中得到治疗和修复。因此，他们两人所面临的问题是共同的：被抛弃、幼年时的创伤、共生-融合和专一爱情的需求。我最终发现，按路易的话来说，要孩子是一个家庭计划，能够"巩

固"伴侣关系，但在当时是一个禁忌。他早就有这种愿望，而玛蒂娜却觉得没有准备好。他说："在这点上，我感到很失望。"在玛蒂娜看来，他是站在女性的立场上，而在这个问题上，玛蒂娜却可能扮演了一个男性的角色，拒绝了要孩子的计划，这使他非常失望，因为她体现了她父亲的形象。由此我们可想而知，这些一直以来难以言说的失望正是路易发怒的原因，这种发怒使他表达了他的对立情绪，同时也使他承受了失望的痛苦。

他们夫妻生活的几个构成因素

路易似乎以强迫和受虐的方式来安排他的生活，一切以工作、与玛蒂娜的夫妻生活、特别是家庭为中心。他很少有消遣和假期。他管理家庭生活，分配角色和任务，尤其负责家务和房间收拾以及家庭经营方面的事；玛蒂娜主要负责洗熨和采买，表现出一种让路易觉得像他的母亲一样的"吝啬"。另外，玛蒂娜还负责组织外出和旅游。"他是内政部长（家务独裁），而她是对外关系部长（负责外出、旅行和与外人、朋友打交道）。"他们很少一起消遣娱乐，因为路易上班很累，周末除了睡觉还要抽出部分时间来做采买和做家务。路易朋友不多，因为他觉得确实没有必要。玛蒂娜将全部精力放在了工作中结识的朋友身上。她可能在扮演他的妻子，好像他是她的一位挚友。因此，他们夫妻共同经常交往的人主要是玛蒂娜的朋友，在路易没空陪伴时，玛蒂娜就与他们单独相见。路易和玛蒂娜事业有成，有较好的收入，但他们却不会享受。是否有一种共同的、相互承受的无意识负罪感驱使他们以"惩罚"和自虐的方式来组织他们的夫妻生活呢？

她指责路易只爱谈论一些有哲理的话题，而她也想和路易像两个闺蜜一样无话不谈，比如一起去逛商店，这样可以调动起她的女性同性恋构成因素；这可能要求路易要具有女性性，而这是路易所不愿意做的。

此外，玛蒂娜期望路易能有一天创办并领导一家著名企业。这种美好的事业成功的有意识幻想是共同的和相互分享的，但这似乎和一种去势的无意识幻想，即他们共同的俄狄浦斯负罪感的表达形成冲突。

在我和他们一起治疗的过程中，他们都表示在继续原模式的同时还想同我进行一对一的治疗。

移情-反移情

高质量的基础移情表现为对我即他们的治疗医生的基本信任。多数的移情主要是主体间的和转向夫妻群体的。我体现了一个具有包容心的好的母亲和一个超越自我的、仁慈的、可以依靠的和有利于夫妻结构的父亲。在反移情方面，我感到在由他们每个人和夫妻群体所造成的种种痛苦之间存在着某种和谐。

玛蒂娜看上去是一个年轻而迷人的女人，坚定、调皮、风趣。

路易是一个受过良好教育的青年男子，聪明而有魅力，有很强的控制欲。在这次治疗中，这对伴侣给我的感觉很好，他们充满活力，积极主动，性欲倒错，让人联想到两个处在困境中的孩子。他们表现出良好的悟性和批评态度，而且彼此很亲切，这使我轻松了很多，觉得我既能认同玛蒂娜，也能认同路易，使我调动起我的心理两性性，而且，在我认为有必要的时候，我能给予他们每人以自恋的支持。我们的关系很融洽，也很微妙，充满了幽默。我的群体反移情

（contre-transfert groupale）就是一个优秀的治疗医生的感觉，思想活动受到激发，活跃而具有创造性，我得以了解到他们受到全能的完美幻想所鼓舞的夫妻心理现实。事实上，我们形成了一个"很好的治疗小组"。

理解的几个因素

探寻他们夫妻心理现实的三个发展层次

首先我们来探讨群体的发展层次，他们共同的和分别的心理现实主要由幻想、双亲意象和具有结构性、防御性，但也具有进攻性的无意识联盟组成。

全能的幻想和去势的幻想是在冲突当中共存的，前者滋生了一种期求事业成功与完美的共同理想，从而导致了进攻性联盟的建构；后者是一种共同的俄狄浦斯负罪感的表达，夫妻生活表现为一种惩罚性受虐的经营。在此，我还要提及共生-融合的伴侣防御性幻想，它旨在保护由于早熟自恋没有转化的创伤而造成的被抛弃的焦虑，期待在伴侣关系中通过所谓的防御联盟（拒绝约定）[pacte dénégatif]来治疗和修复。什么是双亲意象？在玛蒂娜的眼中，母亲意象是全能的和无所不在的，父亲的意象则是失职的，她认为男人应该是强势的，因为有意欲去势的危险。在路易看来，父亲意象是失职的，受虐的，母亲意象是抑郁的，同时也是施虐的和去势的。

在各种共同的心理形成中，我认同"夫妻自性"（soi conjugal），作为一种特别"过度发展"的自恋心理区分，它是一种受到自恋心理区分的激发和滋养的"夫妻自我"（moi conjugal），但是，它被颇为专横的"夫妻自我的理想"所压垮，与具有局限性的"夫妻超我"（surmoi conjugal）建立起施虐-受虐关系。

对于自己的对象-伴侣或"伴侣幻想"以及他们与这个对象的关系，他们分别构建起不同的复现表象。

玛蒂娜说："伴侣是一个伙伴双方什么都可以说，可以交流，好事坏事都可以分享的地方。同时也是一个让人享受快乐的地方，否则，我对它不感兴趣。"但对于路易来说，它则是一个城堡，一个防御工事。因此，他不愿意谈论工作上的问题，为的是保护玛蒂娜和不让他们的伴侣生活受到打扰。但它也是一个入侵的客体（objet envahissant），尤其需要通过时间上的约束和沉默来加以防范。因此，我懂得玛蒂娜因为不能充分分享路易的日常生活而感到痛苦，也由此而觉得孤单。然而，对于共同的复现表象即自恋的空间和对象的分享使他们聚合起来，他们觉得它无所不能，可以修复他们幼时的、至今依然存在的创伤。

什么是他们的主体间关系？主体间关系包含明显的口腔型和肛门型对象关系的成分，且显然具有阴茎期和性成熟期的特征。正如我已经指出的那样，自恋的特征十分明显，尤其两人必须保持一种相互欣赏的状态。认同的情感不管是投射的还是内投的都很广泛。如前所述，每个人的俄狄浦斯情结和兄弟情节都会在他们的夫妻关系中重现并建立起关系。我要强调的是，兄弟情结的构成因素十分明显，每个人都可以为对方表现为一个自恋的和双性的复体。

就个体而言，他们无论在伴侣关系方面还是在伴侣投注方式方面都各不相同，路易似乎比玛蒂娜更注意自我保护，但奇怪的是，他

伴侣

一直主要投注于妻子即他的伴侣和他的工作，而玛蒂娜则不同，她的投注对象更广泛。

伴侣中的两性性

玛蒂娜和路易在重演恋母期前的关系（relation pré-œdipienne）和消极俄狄浦斯情结（Œdip négatif），为了她自己而扮演母亲的角色。她以前生活在一个女人世界里，除了她母亲的男友（一个创业者和企业老板），缺少男人和男人的影响。和路易在一起，她认同自己是母亲的乖女儿，但也认同是家庭的男人，这个男人让妻子伺候，一直不想要孩子，做事无章法，受到妻子的训斥。玛蒂娜想让路易扮演闺蜜角色，一起出去逛街，谈谈家长里短，而这正是路易所不愿做的。事实上，路易同样把玛蒂娜看作是"他最好的伙伴"。另外，他也接受扮演母亲的角色，认同并修复他自己不称职的母亲的意象，同时也认同玛蒂娜，他从中得到一个好母亲的关爱所带来的幻觉满足感。在他认同不称职的父亲的意象时，会使玛蒂娜感到非常失望。这样，他就很可能使他的妻子既得到满足又感到失望。

伴侣治疗的失败

如何理解这对伴侣在被认为伴侣治疗失败时所表现出来的痛苦？他们的某些夫妻心理活动——特别是全能的强迫性幻想，在与去势幻想的冲突关系中伴有互相欣赏的持续意愿；与共生-融合的伴侣幻想相联系的焦虑与相关的预防性对策；冲突与潜藏的误会——对他们主体间的关系和每个人都产生分离、抑制和贫瘠等不利的影响，这些因素无论对他们的"效能伴侣"（如家庭），还是对他们的社会生活和职业生活，都造成了多重压力、侵入性限制和种种缺失，使他们把夫妻生活作为一种施虐和惩罚来经营。除此之外，我们对他们的性生活一无所知。

我们的治疗带来的一些变化

我们敞开心扉就他们某些共同的心理现实的构成幻想、各种无意识联盟和一些冲突与潜藏的误会进行坦诚交流，辅之以转化治疗，使他们弱化了"夫妻自我的理想"和"夫妻超我"；很大程度上减轻了影响他们主体间关系的受压抑和抑制的状态，给他们带来了更多的自在和安宁，这表现在他们有了更多的语言交流。此外，他们的对象-伴侣关系发生了变化。他们的社会和职业生活中出现了变化。玛蒂娜和路易花更多的时间在一起，更经常去会见朋友，在工作上的投入少了。玛蒂娜开始单独治疗时，路易好像自己在伴侣治疗中获益，即利用配偶在场的个体治疗方式。这间接证实存在着一个共生的夫妻运作的模式。

对玛蒂娜和路易进行的伴侣治疗使他们获得了实现伴侣职能的手段，这使他们实现了三个现实即心理的、身体／性的和社会文化的现实的变化。他们今后的生活会比以前更加满意。

结 论

在结束这部关于伴侣的跨学科多元论著的时候，我们是否已经对于伴侣问题做了一个全面、系统和明晰的（尽管它不可避免地是混杂的）概述呢？我的初衷是，首先揭示和阐明这个充满活力的现实的复杂性，因为它涉及相互关联而多变的肉体-性、心理和社会文化等多方面的因素。这种复杂性随着由每一种具体现实的时间性的交错而造成的复杂的时间性的变化而变化，这就使得这个问题更加复杂化和矛盾化。

这种夫妻现实具有"动力学"、"经济学"、"场所论"和历史学的意义。事实上，如果说它被多种多样的对抗性冲动投注（如前所述）贯穿始终的话，那它同样由于各种各样长期处于紧张关系中的内在和外在的冲突（我对这些冲突曾专门进行过思考）而生机勃勃。

这些内在的冲突是结构性的，属于包括文化内化的心理（之间和之内）[inter et intra] 范畴，我们只有通过心理分析才能对其进行深入研究，因为它们是无意识的。由于它们是一切伴侣结构和伴侣活动所固有的现象，所以它们可以被减弱、消除、抑制甚至否认并投射到伴侣的某些外部现实上面，但是，它们也会根据伴侣所隶属社会的历史的、社会的和文化的特点表现出来，特别是在社会发生危机和变革的时候，会更加严重和更加激烈。当危机出现时，这些冲突会突然出现，反过来当冲突爆发时，它们又会制造危机。

至于外在的冲突，它们自身之间的关系是紧张的，在不同的历史和社会文化背景下有着不同的表现，有些冲突在某个时期占了主导地位。

历史学家J.-C.布洛涅（2005）阐明了家庭、国家和教会的外部权力之间严重的利益冲突，这些权力和当事者的被践踏的意愿形成对立，并试图控制夫妻制度。然而，他同时指出，它们扮演着使这种婚姻联盟在社会、政治、财政、家庭和心理上持久存在的保证人的角色。但在我们现代社会中已经不再是或不完全是这样的情况了。那么他们是否有过控制、阻止甚至消除夫妻间固有冲突的能力呢？也许有，但是，怎样才有了这种可能的呢？如我前面所述，长期以来，传统婚姻是建立在社会关系的基础之上，而不是个人出于爱情自由选择的基础之上。这会缓和某些结构性对立，有助于对冲突的外部对象的投射冲动，例如："我们的问题是由我们的家庭造成的。"

我似乎认为，我们西方社会与其他现代社会不同，在朝着盛行的个人主义方向发展，随之而来的必然是对于传统（从历史的观点来看）权力（家庭、国家、教会）的明显削弱。

然而，通过当前历史学、人口学、社会学、人种学和精神分析学的研究，我们会得知什么呢？

这些方面的专家们都强调，伴侣的传统和制度定义通过婚姻向

伴侣

现代伴侣的内在和广义上主体间定义过渡,这种过渡具有历史性和突变性,现代伴侣不再或很少再得到制度的保证。除此之外,现代伴侣变得很不稳定,十分脆弱、形态多样、过于挑剔。伴侣关系越来越难以持久,尽管双方在最初缔结"夫妻契约"时都有长久和专一的自恋意愿。20 世纪 70 年代之后做的调查和统计都表明:异性结婚率在下降;同性和异性姘居(concubinage)、离婚和分居、同性恋婚姻、"契约"伴侣(couple pacsé)、"多角恋组织"在增加;尤其是所谓"同居"(cohabitation)的伴侣生活在下降,特别是在国际化大都市中,单身生活的人数在增加,但这并不意味着这些人没有性生活或性伙伴。他们选择了一种不大受约束的、更为宽松的夫妻形态,这是典型的现代伴侣。

此外,他们对恋爱和伴侣对象的要求变得多种多样:在性和交流方面("必须无话不谈","毫无保留");在精神和认同方面(增强正规职业和性别方面的精神构成因素);在心理方面(温柔的爱情,自恋的安抚,对他人的关心,困难时的支持,以及倒退的恢复、幼年心理创伤的修复和个人快乐的时空)。因此,伴侣尤其不应该是一个失望和痛苦的地方;而且,这种爱情伴侣和对象相互间过分的期望和要求,由于性别之间的平等关系与个人和认同的各种诉求的合力而结合起来了。这样便产生了与个人(男人,女人)相关的表象和要求以及与伴侣相关的表象和要求之间的冲突。所有这些都随着家庭的建立而变得更加复杂,因为其他冲突会随之而来:伴侣/家庭、恋爱伴侣/双亲伴侣、个人/家庭。

现代伴侣是个人主义盛行、各种自相矛盾的"思潮"四处蔓延的西方社会的典型体现,因此,它是这个处在痛苦和病态中的社会的表象。这些都是我们在对伴侣进行心理分析和治疗时所观察到的。人类学家和社会学家对此有何评价呢？

我们的社会倡导并要求其成员：具有自省性（la reflexivité），能够发现自性，具有忠于自身情感的诚实和独创性，能够实现个人的满足与快乐，具有作为现代性介质的自主性，尤其在不需要制度支持的情况下，依然能够在个人生活和社会生活的各个方面努力做到最佳。

此外，专家们还观察到：

—— 现在，性行为在夫妻的亲密情感中占据了新的中心位置。它成为主体（不管是男性还是女性）构建中个人的基本实践，也是伴侣具有建构性和巩固性的夫妻实践。今天，性行为的不满足是导致伴侣解体的危险因素。在这方面，我们发现男人和女人的期望和要求是一致的，特别在"性行为的持续"方面，历史地看，这是新鲜的事，尤其在孩子出生之前。

此外，当今的性行为是复杂的分离对象：今后，生育只占据有限的特定位置；性行为逐渐从婚姻或夫妻关系中解脱出来，更为普遍的是，从爱情和情感范围中解脱出来；同样，情欲性行为通过欲望的幻想和"记忆"（Fain, Brauns chweig, 1971）与发泄-性行为即冲动排泄相分离，这使人通过欲望对象的排便（fecalisation）想到肛门的排泄构成因素；最后，由于社会压力，特别是媒体压力，情欲性行为和卫生学上的性行为又进行了分离。"性爱犹如体育锻炼，有益于健康！"因此，性爱是必需的！但是，社会现实的专家们和观察家们一致认为，完全建立或主要集中在性爱层面的夫妻关系注定会灭亡，因为性爱从其定义来讲就是不稳定的。实际上，从性欲望的角度来看，伴侣好像处在一个"风险地带"，因为随着时间的流逝，如何管理性欲望成为开始迈向老年的伴侣们的一个重要问题。

——我们社会出现了依赖药物和心理治疗的趋势，很多论述和实践制造出种种信仰和新的思想与行为准则，这些信仰和准则又被各种媒体强调和传播。

——追求流动与变化的价值观摧毁了持久的理念和长远的规划。这种求变的现代价值观与持久的价值观发生了冲突。

——最后，制度和等级制度的衰落，外部道德及其行为准则相对消失，逐步被"内在调节原则"所取代，导致形成完全私人化的道德。

——简而言之，我们的社会给我们开出了互相矛盾的病理药方，我们每个人都必须像伴侣和家庭一样进行商议：作为一个成年人和负责任的人，既要表现成熟／又要保持年轻和孩提时的"饱满精神"；作为一个男人，既要凸显男性特征／又要表现出女性性；作为一个女人，既要展现出女性性／又要表现出当今社会所推崇的男性阳刚之气；既要自我完善，寻求发展，为自己着想／又要与人互惠互利，为他人着想；既要自然随性／又要自我控制和约束；既要求动，求变／又要求稳，求持久；既要活在当下，无忧无虑，享受现时的快乐／又要制订计划，怀有远见；等等，举不胜举。

所有这些都提醒精神分析学家，应该把性成熟前的自恋因素、一级心理过程、与削弱俄狄浦斯现象、二级心理过程、各种升华和象征化联系在一起的全能快乐原则放在主导位置，因为它们证明我们这个社会具有明显的自恋和情欲倒错的性质。正是由于这个原因，现在，伴侣向过早解体演变，同一个人的生活中有多次的夫妻结合，形式越来越松散，独身（不过，它并不是一个参照模式）、不要、想要或有时晚要孩子，在我看来都是我们社会的一种自相矛盾的病理状态。

这样，任何一对伴侣的结构性冲突，如前文所述，都可能会因为我们社会的某些基本特性而进一步加剧。实际上，伴侣日益严重的二元状态，使作为自己未来生活唯一责任者的伴侣们失去了他们一直不可抗拒的历史的制度框架，这个带有象征意义的第三者同样也是结构性俄狄浦斯三角的保护者和参与者，它保证了伴侣关系的稳定和持久。这是无疑的，但是，它同时也损害了伴侣的认同存在，因为他们受到家庭、国家和宗教制度的束缚。这里需要寻找一条理想的中间道路。但是，如果我们的社会和伴侣的这些特性，同时也是我们西方社会历史上无数不可避免的危机时期中的某一时期的特性的话，那它会不会是变革初始阶段的催化器呢？

此外，它们对伴侣职能及其新的形式产生什么样的影响？使用失败这个概念是否贴切或是否依然贴切？如果答案是肯定的话，那么所依据的标准是什么呢？

简要回顾，伴侣职能是一个跨学科的概念，它试图以和谐统一的方式来表现伴侣现实的各个层面，因此要求每位成员不管是在任何一个共同分享的现实（心理的、肉体-性的和社会文化的）中，还是在他们的相互关系中以及夫妻伙伴的结合中，都要有自己的职能（travail）。然而，这种由每位伙伴的自我（Moi）共同完成的伴侣职能，不可避免地与为主体服务的"个人职能"（travail individuel）形成对立。这样，任何一对伴侣都要面临的"个人利益"和"伴侣利益"之间的基本矛盾就会重新暴露出来。在不发生个人危险的前提下，每个人对伴侣关系会作出或愿意作出和能够作出多大的贡献呢？这个问题显得尤为自相矛盾，因为一方面我们的社会在前所未有的性别平等的环境下特别重视个人和个人的利益——伴侣被树为中心榜样（这要和夫妻主体间关系区别开来），独身不是一种生活的模式——，另一方面，夫妻的持久性取决于伴侣共同职能的发挥。夫妻能否持久是一个格外重要的问题，因为厌倦情绪威胁着所有的伴侣，人们都希望长寿，携手到老。因此，我依然认为，痛苦、不满意、婚姻过早解体、新伴侣不断增加，都是伴侣职能失败的明显标志。造成这种失败的主要原因是，伴侣双方甚至单方得不到满足，尤其由于传统象征性保证的缺失和不巩固，以及替代参照对象的缺少，使得伴侣职能的运行尤其困难。

关于与伴侣职能的心理范围相关的诸多持久性因素，我要指出的是：由于得到伴侣元心理和元社会的保护而免遭批评的具有结构性和包容性的外壳（Kaës，1979）；对于爱情对象和对象-伴侣的自恋和双重性投注的维持；温柔心潮的保持；"夫妻友谊"中得到升华的同性恋投注的使用；个人创造性和夫妻创造性的调动。此外，还有好的色情虐待的介入。色情虐待是"婚姻生活的守护者"，亦即把他们原始的色情虐待核心结合在一起，以便建构起"令人满意的夫妻虐待形态"，这种形态的角色，在期待和容忍挫折中，在"夫妻"满足的延迟中，尤其在关键时刻对冲动的控制中，都发挥着不同的作用。然而，在当今的伴侣身上，我们越来越经常看到的是与之相反的情况。能够证明这一点的是，急切寻求快感，很难做到慢慢期待，延迟快感的到来，另外，还有所谓"夫妻冲突"所采取的不同位置，这在今天看来是一种有可能导致解体的因素。此外，通过对他们元心理和元社会保护的抨击，我们还发现一种认同模式的危机。他们父辈伴侣的传统模式一定不可避免地成为他们灵感的源泉之一，但是，这种模式与他们的意愿相冲突，他们想摆脱它，创造出一种既符合个人和主体意愿，又与媒体传播的新模式相"吻合"的"夫妻模式"。由此而出现了"夫妻模式"的现代危机，造成表现为婚姻状况多种形式的各种变化和改变。

最后，与此相关的是，近年来，我们注意到越来越多的伴侣因各种痛苦找我们诊疗。实际上，人们通过媒介知道了各种婚姻援助方式的存在（婚姻咨询、心理治疗、普通科、妇科、性病科、心理科医生的诊断和治疗），求诊者越来越年轻，在他们的伴侣历程中越来越早，而且女性提议治疗的居多。在诸多不满意中，主要原因有：缺少交流，出现交流冲突，进而无法交流；性生活不满足；婚外情；家暴；从夫妻伴侣向双亲伴侣和从伴侣向家庭过渡而出现的相关危机；伴侣成员的一方出现病理学状态；某一个孩子出现苦恼；重组家庭新伴侣之间的矛盾冲突。此外，还有为了达到有利于伴侣双方的"分离效果"而来治疗者，因为分离会减少给他们未来的孩子（们）带来不可避免的痛苦，而这种痛苦使他们不得不具有负罪感。

这样的治疗不论迟早，都不仅证明伴侣职能的失败，而且也证明现代伴侣更为关心的是夫妻生活的质量，以及对于伴侣职能的期待和期求。这在西方历史上是前所未有的。

在我的研究进行到这一步的时候，我更加意识到这种充满生机活力的合成现实——受历史、社会文化和心理的动荡所影响和制约——的复杂性和对它完整而清晰地加以理解的困难性。然而，我进行多元-跨学科研究的意图（首先是走上正轨）尤其使我获得了进步并看到了可喜的前景。我必须进行一项双重性的工作：即人文科学方面跨学科的认识论研究与多元-跨学科之间富有成效的合作性研究。

# 参考书目

Abraham K., « À propos de l'exogamie névrotique. Contribution à l'étude comparée de la vie psychique des névrosés et des primitifs » (1914), Paris, Payot & Rivages, Œuvres complètes, vol. I, 2000.
André J., *Aux origines féminines de la sexualité* (1995), Paris, PUF, « Quadrige », 2004.
Anzieu D., *Le groupe et l'inconscient*, Paris, Dunod, 1975.
Balint M., *Le défaut fondamental* (1957), Paris, Payot, 1971.
Benveniste É., « Le mariage », *Le vocabulaire des institutions indo-européennes*, Paris, Minuit, 1969.
Bion W. R., *Recherches sur les petits groupes* (1953), Paris, PUF, 2000 ; *Aux sources de l'expérience* (1960), Paris, PUF, 2000.
Bologne J.-C., *Histoire du mariage en Occident*, Paris, Hachette Littératures, « Pluriel », 2005.
Bouvet M., *La relation d'objet* (1956-1960), Paris, PUF, « Le Fil rouge », 2006.
Bozon M., *Sociologie de la sexualité*, Paris, Armand Colin « Domaines et approches », 2009.
Burguière A., « La formation du couple », *in* A. Burguière, C. Klapisch-Zuber, M. Ségalen et F. Zonabend (dir.), *Histoire de la famille*, vol. 3, *Le choc des modernités*, Paris, Armand Colin, 1986, p. 147-188.
Brusset B., *Psychanalyse du lien*, Paris, PUF, « Le Fil rouge », 2007.
Bydlowski M., *Les enfants du désir*, Paris, Odile Jacob, 2002.
Caillot J.-P., Decherf G., *Psychanalyse du couple et de la famille*, Paris, Apsygée Éd., 1989.
Cournut J., *Pourquoi les hommes ont peur des femmes*, Paris, PUF, « Épîtres », 2001, PUF ; rééd. « Quadrige », 2006.

Danon-Boileau H., *De la vieillesse à la mort*, Paris, Hachette Littératures, « Pluriel », 2000.
David C., *L'état amoureux*, Paris, Payot, « Petite Bibliothèque Payot », 1971 ; *La bisexualité psychique* (1992), Paris, Payot & Rivages, « Petite Bibliothèque Payot », 1997.
Devereux G., *Essais d'ethnopsychiatrie générale*, Paris, Gallimard, 1970-1977.
Dicks H., *Marital Tensions*, Londres, Routledge, 1967.
Eiguer A., *Clinique psychanalytique du couple*, Paris, Dunod, 1998.
Fain M., Braunschweig D., *Éros et Antéros*, Paris, Payot, « Petite Bibliothèque Payot », 1971.
Fairbairn W. R. D., *Études psychanalytiques de la personnalité* (1952), Paris, Éd. du Monde interne - In Press, 1998.
Faure-Pragier S., *Les bébés de l'inconscient*, Paris, PUF, « Le Fait psychanalytique », 1998.
Ferenczi S., « Confusion des langues entre l'enfant et les adultes » (1933), *Œuvres complètes. Psychanalyse IV*, Paris, Payot, 1982.
Freud S., *Trois essais sur la théorie sexuelle* (1905-1915), Paris, Gallimard, 1987 ; « Sur le plus général des rabaissements de la vie amoureuse » (1912), *La vie sexuelle*, Paris, PUF, 1969 ; « Pour introduire le narcissisme » (1914), *La vie sexuelle*, Paris, PUF, 1969 ; « Pulsions et destins des pulsions » (1915), *Métapsychologie*, Paris, Gallimard, 1968 ; « Deuil et mélancolie » (1915), *Métapsychologie*, Paris, Gallimard, 1968 ; « Observations sur l'amour de transfert » (1915), *La technique psychanalytique*, Paris, PUF, 1997 ; « Psychogenèse d'un cas d'homosexualité féminine » (1920), *Névrose, psychose et perversion*, Paris, PUF, 1973 ; « Psychologie des foules et analyse du moi » (1921), « Le moi et le ça » (1923), *Essais de psychanalyse*, Payot, « Petite Bibliothèque Payot », 1981 ; « Sur quelques mécanismes névrotiques dans la jalousie, la paranoïa et l'homosexualité » (1922), *Névrose, psychose et perversion*, Paris, PUF, 1973 ; « Le problème économique du masochisme » (1924), *La vie sexuelle*, Paris, PUF, 1969 ; « Quelques conséquences de la différence anatomique entre les sexes » (1925), *La vie sexuelle*, Paris, PUF, 1969 ; « Le fétichisme » (1927), *Névrose, psychose et perversion*, Paris, PUF, 1973 ; *Le malaise dans la culture* (1930), OCF, vol. XVIII, Paris, PUF, 1994 ; « Sur la sexualité féminine » (1931), *La vie sexuelle*, Paris, PUF, 1969 ;

« La féminité » (1933), *Nouvelles conférences d'introduction à la psychanalyse* (1933), Paris, Gallimard, « Folio Essais », 1984.

Garcia V., « Le couple : un lieu pour se réparer ? », *Le Divan familial*, Paris, In Press, n° 19, 2007.

Godelier M., *Métamorphoses de la parenté*, Paris, Fayard, 2004.

Green A., *Narcissisme de vie, narcissisme de mort*, Paris, Minuit, 1983 ; *Les chaînes d'Éros*, Paris, Odile Jacob, 1997.

Grunberger B., *Le narcissisme* (1971), Paris, Payot & Rivages, « Petite Bibliothèque Payot », 1993.

Héritier F., *Masculin/féminin. La pensée de la différence*, Paris, Odile Jacob, 1996.

Houzel D., « Enjeux de la parentalité » (2002), *in* L. Solis-Ponton (dir.), *La parentalité*, Paris, PUF, « Le Fil rouge », 2002.

Kaës R., *Un singulier pluriel*, Paris, Dunod, 2007 ; *Le complexe fraternel*, Paris, Dunod, 2008 ; *Les alliances inconscientes*, Paris, Dunod, 2009.

Kaufmann J.-C., *Sociologie du couple*, Paris, PUF, « Que sais-je ? », 2007.

Klein M., *Essais de psychanalyse, 1921-1945*, Paris, Payot, 1968-1998.

Klein M., Rivière J., *L'amour et la haine* (1937), Paris, Payot, « Petite Bibliothèque Payot », 1978 ; *Envie et gratitude* (1957), Paris, Gallimard, « Tel », 1978.

Lebovici S., « Entretien de L. Solis-Ponton avec Serge Lebovici » (2002), *in* L. Solis-Ponton (dir.), *La parentalité*, Paris, PUF, « Le Fil rouge », 2002.

Lebrun F., « Le prêtre, le prince et la famille », *in* A. Burguière, C. Klapisch-Zuber, M. Ségalen et F. Zonabend (dir.), *Histoire de la famille*, vol. 3, *Le choc des modernités*, Paris, Armand Colin, 1986, p. 123-146.

Le Gouès G., *L'âge et le principe de plaisir*, Paris, Dunod, 2000.

Lemaire J.-G., *Le couple : sa vie, sa mort*, Paris, Payot, 1979 ; *Les mots du couple*, Paris, Payot, 1998.

Littré É., *Dictionnaire de la langue française*, Paris, Encyclopædia Universalis, 2007.

Luquet P., *Les identifications*, Paris, PUF, « Le Fil rouge », 2003.

Marty P., *La psychosomatique de l'adulte*, Paris, PUF, « Que sais-je ? », 1990.

M'Uzan M. de, *Aux confins de l'identité*, Paris, Gallimard, 2005.

Parat C., « L'organisation œdipienne du stade génital » (1967), Rapport au Congrès des psychanalystes de langue française, *Revue française de psychanalyse*, Paris, PUF, t. XXXI, n°s 5-6, sept.-déc., 1967.

Pasini W., *Le couple amoureux* (2005), Paris, Odile Jacob, « Poches », 2008.

Pontalis J.-B., « Le petit groupe comme objet » (1963), *Après Freud*, Paris, Gallimard, « Tel », 1993.

Rosenberg B., *Masochisme gardien de la vie, masochisme mortifère*, Paris, PUF, « Monographies de psychanalyse », 1991.

Ruffiot A., « Le couple et l'amour. De l'originaire au groupal » (1984), *in* A. Eiguer (dir.), *La thérapie psychanalytique du couple*, Paris, Bordas, 1984.

Schaeffer J., *Le refus du féminin* (1997), Paris, PUF, « Quadrige », 2008 ; « Le parcours des antagonismes entre féminin et maternel » (2002), *in* L. Solis-Ponton (dir.), *La parentalité*, Paris, PUF, « Le Fil rouge », 2002 ; « D'une possible co-création du masculin et du féminin ? », *in* P. De Neuter et D. Bastien (dir.), *Clinique du couple*, Ramonville-Saint-Agne, Érès « Actualités de la psychanalyse », 2007.

Singly F. de, *Le soi, le couple et la famille*, Paris, Nathan, 2004.

Solis-Ponton L., *La parentalité*, Paris, PUF, « Le Fil rouge », 2002 ; « Le passage du couple conjugal au couple parental : un parcours semé de mines interpersonnelles » (2008), *Dialogue*, Toulouse, Érès, 2008.

Willi J., *La relation de couple* (1975), Paris, Delachaux & Niestlé, 1982.

Winnicott D. W., *Jeu et réalité* (1971), Paris, Gallimard, 1975.

术语译名对照

abandon	遗弃
activité de la psychologie	心理能动性
activité fantastique	幻觉活动
affrontement internarcissique	相互自恋的对抗
aggression	攻击
aggression génératrice de traumas	创伤性攻击
agrégat d'individus	个体结合体
agressivité	攻击性
alliance inconsciente	无意识联盟
altérité	相异性
ambivalence	双重性
amour d'objectal	对象爱情
analogie	相似之处
angoise	焦虑
angoisse originelle	原始焦虑
apareil psychique	心理机构
appareil groupal	群体装置

appareillage	装配
approche	研究方法
assemblage	接合
attument	共振
autoconservation	自我保护
auto-érotisme	自体性欲
bisexualité	两性性
blessure narcissique	自恋性损伤
ça	本我
capacité de rêvrie	梦想力
capacité de solicitude	焦虑能力
captaltif	独占欲的
caractère	性格
castration	阉割，去势
cause de désir	情欲动机
chaine érotique	情欲链
circulation émentionnelle	情感传递
circulation fantasmatique	幻觉传递
clivage	分裂
clivage de l'objet	对象的分裂
cohabitation	同居
collusion structurée	结构性串通
composante psychique	心理构成因素
compromise	妥协
compulsif	强制的，强迫的
compulsion	强迫；强迫作用
concept	概念；观念

233

conception	观点，看法
concubinage	姘居
conflictualisation	冲突化
conflit œdipien	俄狄浦斯冲突
conflit intrapsychique	精神装置内的冲突
confusion consubstantielle	同体错乱
conjoint	夫妻
conjunction	结合
consistence psychique	心理一致性，精神一致性
corps vivant	生命体
correlate	相互关系的一方
courant	心潮；倾向
courants d'activité mentale	精神活动的倾向
décharger	卸载
défensif	防御的
déficience	缺失
déni	（对外部现实的）否认
dépersonnalisation	人格解体
déposer dans un objet	投注到对象身上
désexualisation	性丧失，无性化
désintrication	分离
désinvestissement	撤回投注
désobjectalisation	去对象化
destin	宿命
désunion	失和，分裂
développement	发育
différence	差异，区分

dimension	构成因素；程度
dimension de la réalité	现实的构成因素
disposition triangulaire	三角情景
doublure	复体
dyade	成对关系
dyade psychique	心理成对关系
dynamique intéracttionnelle	互动动力关系
dynamique (n.)	动力学
économie	经济学；协调职能；结构系统
économie des objets internes	内在对象经济学
economie pulsionnelle	冲动的协调职能
elaboration	（心理）加工
élaborer	（心理）加工；转化；设计
élan narcissique	自恋激情
élément-Beta	贝塔元素
elément constitutive	构成要素
émergence	突然出现
énergie psychique	心理能量
ennui	忧伤
enrichissement du moi	自我的充实
entité	实体
environnement interne	内在环境
enveloppe psychique	精神表象
équilibre pulsionnel	冲动平衡
état limité	境界例
étayage	依托
être primordial	原始人

伴侣

être psychique	精神实体
être vivant	有生命之物
exitation	失望
expérience de dépersonnalisation	人格解体经验
expérience psychique	心理经验
extériorization	外在化
fantasme	幻觉，幻想
fétichisation	物恋化
fétichisme	物恋癖
fitélité a soi	对于自性的忠诚
fixation	固恋，固着
fixation incestueuse	乱伦固恋
fonction alpha	阿尔法功能
fonction critique	批判功能
fonctionnement psychique	心理功能
fonction objectalisante	对象化功能
fonction phorique	承载功能
formation de comprenmis	妥协形式
formation psychique	心理组织，心理结构
forme de double	复体形态
frustration	受挫
frustration sexuelle	性欲不满足
genital	性成熟期的
génitalité	生殖性
gratification	满足感
groupalité	群体性
groupe de travail	职能群体

heterosexual	异性性爱的
hypnose	催眠状态；催眠术
idéal du moi	自我理想
idéalisation	理想化
identification	认同
identification consubstantielle	同体认同
identification secondaire	二次认同
identitaire (n.)	认同性
identité	同一性
image du corp	体像
imago	意象
immersion	投入
impuissance	性无能
impulsion instinctuelle	本能冲动
inceste	乱伦
incidence déterminante sur	……对……有决定性影响
inconscient	无意识的
incorporer	内化
individualité	个性
inhibé	受抑制的，受阻碍的
instance	心理区分（本我、自我、超我）
instance organisatrice	组织心理区分
instaurer la confusion	形成精神错乱
instinct de consenvation	自卫本能
instinct de mort	死亡本能
instincte	本能
instruments de la relation d'objet	对象关系的方法

intégrité psychique	心理完整性
intelligibilité	理解
Intéraction	相互作用
interfantasmatisation	互生幻觉
intériorisation	内在化，内化
interralation	相互关系
intervalle libre	潜伏期
intervention	介入
intrapsychique	精神装置内的
intricant	结合的
intrication	结合
intrication-déintrication des pulsions	生死冲动的结合-分离
introjecté	摄取，吸收
introjection	内投
introjetion primitive	早期心力内投
investissement	投注
investissement d'objet	对象投注
jalon essential	基本标志
Je	（主体）我
la logique	必然结果
latente	潜在的
le social	社会性，社会关系
logique de fonctionnement	功能逻辑
maniaco-dépresive	躁郁症的
masculinité	男性性
masochisme	受虐狂
matériel	装置

mécanisme	机制
mécanisme de défense	防御机制
mécanisme essential d'amenagement	基本管理机制
mécanisme névrotique	神经症机制
mental	精神的
mentalité de groupe	群体精神状态
métabolisation	代谢化
méta-organisateur	元形成体
métaphore biologique	事物隐喻
métapsychologique	元心理学的
modalité	方式；感官性样态；形态
modification	修正
Moi	自我
moi auxiliaire	辅助自我
moi défaillant	有缺陷的自我
montage pulsionnel	冲动的合成
mouvement	意念；冲动
narcissisme primaire	原发性自恋
narcissisme secondaire	继发性自恋
nérvosa obsessionnelle	强迫性神经症
niveau	发展层次
non-moi	非我
nostalgie de la symbiose	共生憧憬
notion（s）	基本知识；概念
noyau de personnalité	人格的核
objectification	对象化
objet d'amour	恋爱对象

objet de désir	欲望对象
objet interne	内在对象
objet partiel	部分对象
objet perçu	感觉到的对象
objet primaire	初始对象
objet réel	实在对象
objet total	全部对象
Œdip négative	消极俄狄浦斯情结
Œdip positif	积极俄狄浦斯情结
omonipotent	全能的
ordre structural	人格结构的正常状态
organisateur	形成体，构成
organisateur psychique	心理构成
organisation œdipienne	俄狄浦斯情结机体
organization narcissique	自恋机体
organization psychosomatique	身心组织
origine	起源，起因
paradigme	范型
paranoïde	类妄想狂的
parasitique	寄生的
parentalité	父母身份，双亲身份
parenté	血缘关系，亲属关系
patient	患者
période de latence	潜在期
persécuteur	迫害狂
perspective	观点；前景
perte	死亡；丧失

perte d'objet	对象的丧失
perversion	性欲倒错
pesanteur	（心情）沉闷
pincipe de réalité	现实原则
pluralité	多样性
point de rappel	集合点
pole	极
position	期
position paranoï-schizoïd	偏执-分裂样期
position dépression	抑郁期
préconscient	前意识
prégénitial	性成熟前的
première relation d'objet	第一对象关系
pré-œdipe	前俄狄浦斯情结
principe de déplaisir	痛感原则
principe de plaisir	快感原则
privation	剥夺
problématique	全部问题
procédé	行为
processus de la rupture	突变过程
processus psychique primaire	原发心理过程
processus psychique secondaire	继发心理过程
processus secondaire	二次心理过程
projection	投射
propium	统我（即自我统一体）
prototype	典范；原型
psyché	精神现象；心理现象

伴侣

psyché transindividuelle	超个人精神现象
psychobisexualisation	心理双性化
psychocorporal	心理肉体的
psychogenèse	精神源说
psychose	精神病
psychosexualisation	心理性别化
psychosexualité	性心理活动
psychothérapie	精神疗法
pulsion de destruction	破坏欲
pulsion de vie	生命冲动
pulsion partielle	不完全的冲动，局部冲动
qualité	基本感官属性
qualité du moi	自我的优点
réactiver	使复活
réalité de l'objet	对象的实在性
réalité psychique	心理现实
refoulement	压抑
regard positive	正向关怀
register	层面
régression	倒退
ré-introjection	再内投
relation d'objet	对象关系
relation d'objet anaclitique	依托对象关系
relation duelle	双重关系
relation génétique	基因关系
rencontre érotique	交媾，交合

réparation	修复
représentation	复现表象
résonance	共鸣
réveiller	重新唤起
ritualisation	程式化
sadique	性虐待狂的
scène primaire	原风景
schème	图式
schizoïde	类精神分裂症的
sémiotisation	符号的使用
sentiment de culpabilité	负罪感
sentiment d'identité	同一性情感
sentiment d'unité	依存感
sentiment omnipotent	全能感
sexualité	性活动，性行为
sexuel (*n. m.*)	性冲动
significance	衍生
situation analytique	精神分析的情境
situation endopsychique	内生精神环境
soi	自性
solitude	独处
spécification	表达
spectre de l'identité	同一性错觉
stade de solicitude	焦虑期
stade génital	性器官期
subjectification	主观认同

sublimation	升华作用
support	介质
support biologique	生物介质
surmoi	超我
surmoïque	超越自我的
symbiothique	共生的
symbole	象征；化身
synthèse	综合，合成
systémique	系统治疗的
systheme de projection	投射机制
systhème protomental	原始精神体系
tabou	禁忌
temperament	气质
temporo-spastial	时空的
thérapeute	治疗专家
topique	场所论
tout-puissansse	全能
transfert	移情
transgénérationnel	世世代代的
traumatisme	创伤
travail	效果；治疗；职能；工作
travail de personnation	人化效果
travail du couple	伴侣职能
travail psychique	心理作用
un double	复体
union narcissique	自恋联盟
unité	依从关系

unité de moi	自我单一体
valence	诱发性
validation de soi	自性的确认
vécu	实际经验
voracité	贪婪

译后记

本书是法国当代著名心理学家、精神分析学家埃里克·斯马加的一部重要著作，法文版出版于2012年。作者在国际精神分析学研究领域具有重要的影响，曾荣获2007年国际精神分析学家协会颁发的精神分析学研究特别贡献奖。他同时也是著名的伴侣与家庭治疗医生，在巴黎开有自己的诊所。《伴侣》是他多年研究与实践的总结。

本书全面揭示了复杂的伴侣现实。作者认为，由肉体-性、心理和社会文化构成的伴侣现实由多种多样对立的冲动投注倾向贯穿始终，并由于多种内在和外在的、永远处于紧张关系中的冲突而充满生机活力。作者通过多元－跨学科（历史学、社会学、人类学和精神分析学）的方法对伴侣现实及其历史进行了详尽论述，并概述了伴侣现实的不同表现。

本书涉及大量心理学和精神分析学的内容，对于我们非此类专业的译者来说，具有一定难度。在翻译过程中，有些专业性术语，如：fonction phorique（承载功能）、travail de couple（伴侣职能）、soi

（自性）和 moi（自我）、circulation fantasmatique（幻觉传递）等，我曾多次通过邮件与作者商榷；查阅过大量相关资料和书籍。记得作者于 2015 年夏天来北京访问，我们在工人体育馆旁的一家饭店共进晚餐，其间，我们还对一些专业术语进行了讨论。尽管做了这些努力，力求信达，但由于我们才疏学浅，译文中错误和晦涩之处仍在所难免，希望广大读者和相关专家给予批评指正。

本书引言和 1—4 章由狄玉明翻译；5—6 章和结论由凌忠贤翻译。

在本书翻译过程中，作者埃里克·斯马加先生和我远在法国工作的同学邱海婴女士给予我们大力帮助，在此向他们表示衷心感谢。

狄玉明
2015 年 8 月 17 日
于北京珠江罗马嘉园寓所

图书在版编目(CIP)数据

伴侣/(法)埃里克·斯马加著;狄玉明,凌忠贤译.—北京:商务印书馆,2017
ISBN 978-7-100-13953-3

Ⅰ.①伴… Ⅱ.①埃…②狄…③凌… Ⅲ.①两性交往—研究 Ⅳ.①C913.14

中国版本图书馆 CIP 数据核字(2017)第 110346 号

权利保留,侵权必究。

伴 侣

〔法〕埃里克·斯马加 著
狄玉明 凌忠贤 译

商 务 印 书 馆 出 版
(北京王府井大街 36 号 邮政编码 100710)
商 务 印 书 馆 发 行
北京市艺辉印刷有限公司印刷
ISBN 978-7-100-13953-3

2017 年 7 月第 1 版　　　开本 880×1230　1/32
2017 年 7 月北京第 1 次印刷　印张 7⅞

定价:28.00 元